懐かしくて新しい“鉄道系グルメ”を求めてぐるり一周

台湾“駅弁&駅麺”食べつくし紀行

鈴木弘毅

イカロス出版

台湾〝駅弁＆駅麺〟食べつくし紀行

CONTENTS

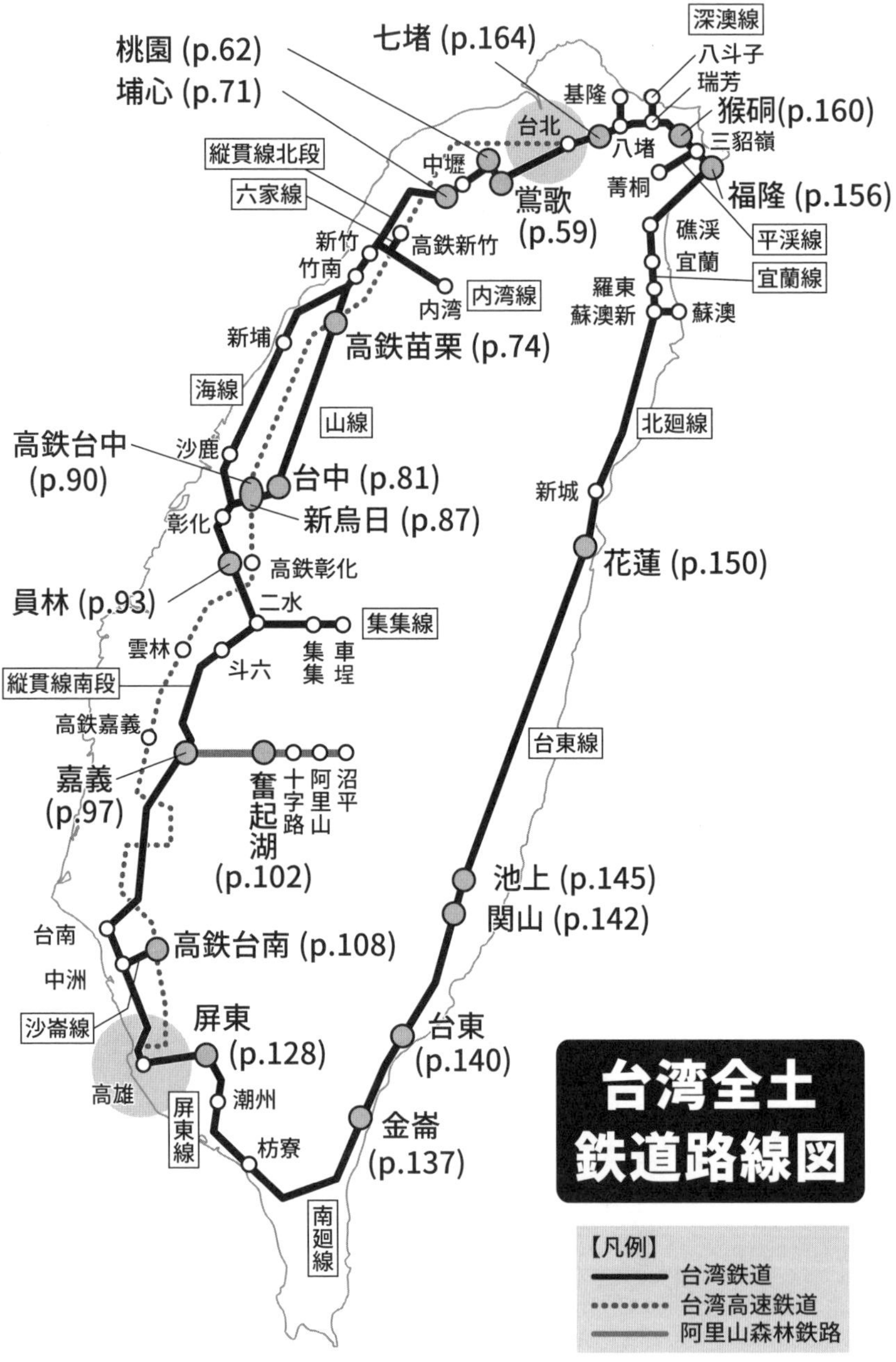

台湾全土
鉄道路線図
【凡例】
台湾鉄道
台湾高速鉄道
阿里山森林鉄路
桃園 (p.62)
埔心 (p.71)
七堵 (p.164)
深澳線
八斗子
瑞芳
基隆
猴硐(p.160)
台北
八堵
三貂嶺
中壢
鶯歌
(p.59)
菁桐
福隆 (p.156)
縦貫線北段
六家線
平渓線
礁渓
宜蘭
宜蘭線
新竹
高鉄新竹
竹南
内湾
内湾線
羅東
蘇澳新
蘇澳
新埔
高鉄苗栗 (p.74)
海線
山線
北迴線
高鉄台中
(p.90)
沙鹿
台中 (p.81)
新烏日 (p.87)
新城
彰化
花蓮 (p.150)
高鉄彰化
員林 (p.93)
二水
集集線
集集
車埕
雲林
斗六
縦貫線南段
高鉄嘉義
台東線
嘉義
(p.97)
奮起湖
(p.102)
十字路
阿里山
沼平
池上 (p.145)
関山 (p.142)
台南
高鉄台南 (p.108)
中洲
沙崙線
屏東
(p.128)
台東
(p.140)
高雄
屏東線
潮州
金崙
(p.137)
枋寮
南迴線

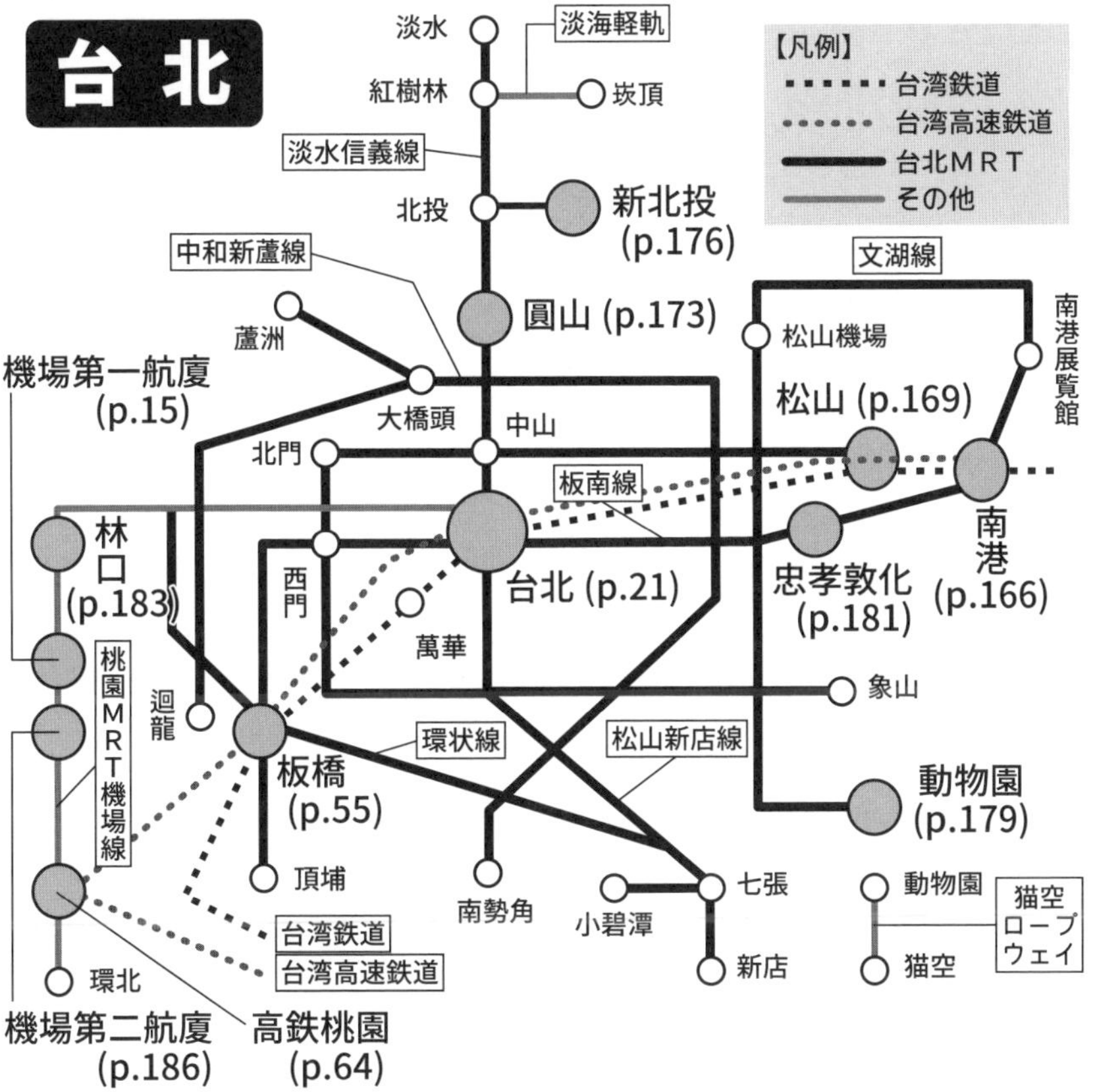

台北
【凡例】
台湾鉄道
台湾高速鉄道
台北MRT
その他
淡水
紅樹林
淡海軽軌
崁頂
淡水信義線
北投
新北投 (p.176)
中和新蘆線
圓山 (p.173)
文湖線
松山機場
南港展覧館
蘆洲
機場第一航廈 (p.15)
大橋頭
中山
松山 (p.169)
北門
板南線
林口 (p.183)
台北 (p.21)
忠孝敦化 (p.181)
南港 (p.166)
西門
萬華
象山
桃園MRT機場線
迴龍
板橋 (p.55)
環状線
松山新店線
動物園 (p.179)
頂埔
南勢角
小碧潭
七張
動物園
猫空ロープウェイ
台湾鉄道
台湾高速鉄道
新店
猫空
環北
機場第二航廈 (p.186)
高鉄桃園 (p.64)

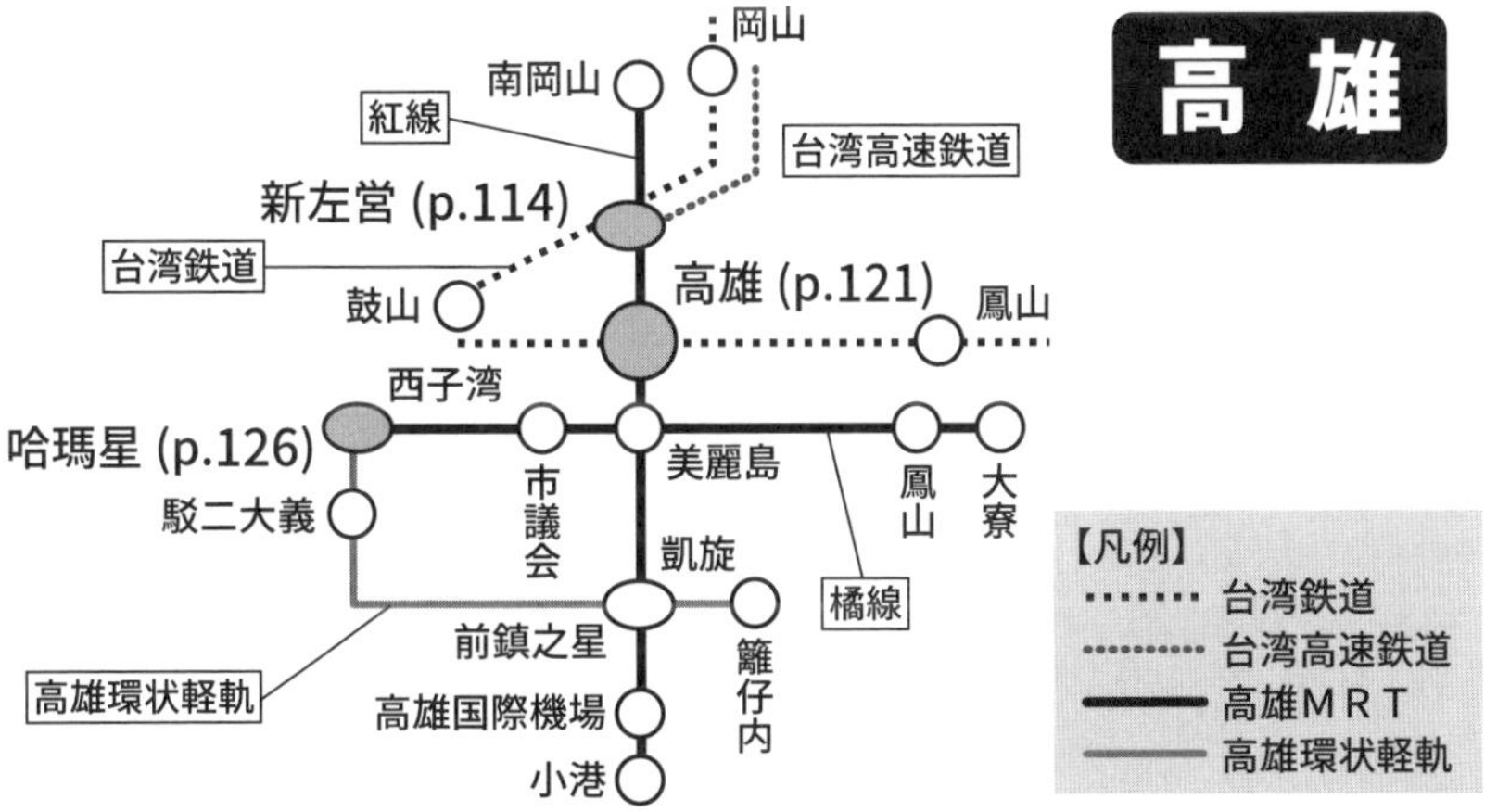

高雄
岡山
南岡山
紅線
台湾高速鉄道
新左営 (p.114)
台湾鉄道
高雄 (p.121)
鼓山
鳳山
西子湾
哈瑪星 (p.126)
市議会
美麗島
鳳山
大寮
駁二大義
凱旋
橘線
前鎮之星
籬仔内
高雄環状軽軌
高雄国際機場
小港
【凡例】
台湾鉄道
台湾高速鉄道
高雄MRT
高雄環状軽軌

はじめに

２０１６年10月、私は約20年ぶりに海外へ出た。行き先は、フィリピン。プライベートでの旅行ではなく、仕事上必要な取材旅行だった。それまで私は、海外にはあまり関心を抱いていなかった。「駅そば」をメインとする国内のグルメ探訪に夢中になり、海外にまで頭が回らなかった。学生時代に友人とのエジプト旅行のために取得したパスポートは、経年劣化でカバーがめくれ上がった状態のまま引き出しのなかに放置され、有効期限が切れても更新されることはなかった。

しかし、フィリピンに行ってみて、自分の視野の狭さに気づかされた。見るもの、聞くもの、食べるもののすべてが刺激の塊で、私の五感を根本から揺さぶった。大きな寸胴を抱えて路傍に立つピーナッツ売りが、まるでサーカス会場の入口付近で風船を配るピエロのようにさえ思えたのだ。

昨今、日本を訪れるインバウンドの観光客が増え、彼らの間では駅そばも人気の的になっている。海外の大衆グルメを研究することは、必ずや駅そばの研究にも活かされる。いや、それどころではない。国内の駅そばを研究するうえで、諸外国の大衆グルメ事情を知っておくことは、急務だと言ってもいい。この期に及んで、ようやくそこに気づいたのだ。

２０１７年から２０１９年にかけ、私は台湾、香港、韓国の駅なかを中心とした大衆グルメ探訪の旅に出た。そして行く先々で、あるときには日本との違いに驚き、またあるときには日本との共通点に頷き、改めて日本の駅そばのあり方を考えさせられた。初めて駅そばを客観的な視点から観察することができ、少し視野が広くなったように感じたのだった。

そこで今回は、諸外国のなかから台湾に焦点を当て、より広く深く鉄道系大衆グルメを探訪し、一冊にまとめることにした。なぜ香港や韓国ではなく、台湾だったのか。それは、以下の４つのポイントがあるためだ。

①鉄道系グルメのあり方が比較的日本に近い

台湾の鉄道の多くは日本統治下の時代に敷かれたものであり、当時の日本文化がおおいに影響している。過去には、ホームでの駅弁立ち売りや、立ち食い形式の駅そば店が賑わっていた時代もある。戦後70年以上経過して当時の面影はだいぶ色褪せているが、それでも現在の鉄道系グルメに少なからず影響を及ぼしている。物件数が多いこともあり、日本との比較考察をしやすい。

②日本人観光客に対して友好的である

台湾の人々は、概して日本人観光客（のみならず、外国人観光客全般と言えるかもしれない）に対して親切で、好意的で、やさしい。人通りの多い駅構内や繁華街などでキョロキョロと辺りを見回していると、たいてい誰かしら助け舟を出してくれる。治安も比較的よいので、海外に不慣れな私でも安心して旅ができる。

③旅費や物価が安い

安価で楽しめる海外旅行先として、韓国と双璧をなす台湾。東京（羽田または成田）から台北に近い桃園までの往復航空券は、オフシーズンのＬＣＣ便なら2万円前後が相場。現地での物価も安く、屋台料理なら１００円くらいからある。鉄道運賃も、日本の３分の１から半額くらいのイメージだ。バスは鉄道にくらべてやや高い印象だが、それでも日本よりはだいぶ安い。宿泊も、私のようにドミトリーを利用すれば、１泊７００〜１５００円くらいで済む。２０１９年10月の本取材旅行は、12泊13日。その費用総額は、約６万５０００円だった。９月のロケハン（６泊７日）と12月の再取材（４泊５日）の旅費を合算しても、15万円までかかっていない。少額投資で濃密な取材活動ができる。

④料理が美味しく、飽きても日本食が豊富にある

屋台文化が深く浸透している台湾では、庶民的で廉価な料理でも充分すぎるくらい美味しい。バリエーションも豊富なので、長期滞在になっても最後まで新鮮な刺激を得られる。しかし、スープ料理（麺類を含む）はおおむね薄味だし、ご飯ものにはたいてい台湾料理に特有の五香粉《ウーシャンフェン》がつきまとう。五香粉とは、八角や肉桂、花椒など5種類以上（メーカーや店ごとに内容は異なる）をブレンドした混合香辛料。ニッキのような刺激性の香りが強く、何を食べても主張する五香粉に飽きを感じる日本人観光客も多いと聞く。

しかし、台湾には日本企業も多く進出している。街を歩けば、牛丼の「吉野家」、ラーメンの「一風堂」、うどんの「丸亀製麺」などを頻繁に見かける。そしてその多くが、日本国内の店舗とほぼ同じ味で同じメニューを提供している。台湾料理に疲れたときには、これらの〝日本食〟を挟んで、舌をリセットできるのだ。

飲食店に限らず、お菓子や飲料、タバコから雑貨にいたるまで、日本製のものがスーパーマーケットやコンビニエンスストアなどで簡単に手に入る。旅行期間が長くなっても安心だ。

私は、台湾のエキスパートではない。海外旅行のエキスパートでもない。台湾語はろくに話せないし、英語力もたかが知れている。英検は、4級しか持っていない。したがって、本書は「プロが台湾の魅力を教えます」というスタンスで綴るものではない。私が真に伝えたいのは、「台湾は、初心者がふらりと訪れても、こんなにも楽しめるのだ！」ということだ。台湾に行ったことがない方、それどころか海外に出たこともない方、「行ってみたいけれど言葉が分からないから」と尻込みしている方にこそ、ぜひ本書を読んでほしいと思う。

その一方で、私は駅なかグルメ（主に麺類）についてはエキスパートであると自負している。台湾に行き慣れた方にも楽しんでいただけるよう、日本と台湾の駅グルメ事情の比較考察にも力を入れ、可能な限り広く深く探訪してきた。

本書に掲載している情報は、２０１９年10月の本取材時のものが中心だが、一部同年9月のロケハン取材時や12月の再取材時の記録も含まれている。メニューや価格などの情報は、それぞれの取材時点でのものである。また、鉄道ダイヤや運賃についても、基本的には取材時点のものだが、取材後に改定されたことが分かっているものについては、その旨を補足している。

日本人読者に分かりやすいよう、一部の価格についてはカッコ書きで円換算表示をしているが、実際に日本円で支払うことはできない（日本国内の情報を除く）ので注意されたい。なお、円換算する際には、私が訪問した時点での空港内両替所のレート「1元＝3・7円」で計算し、小数点以下は四捨五入している。通貨のレートは日々変化するので、あくまでも目安と考えていただければ幸いである。また、日本国内の情報については、すべて税込価格で表示している。

漢字の表記方法については、原則として、店名とメニュー名は現地表示どおり（繁体字や異体字を含む）とし、地名や会社名、その他一般名称は常用漢字を中心とした日本で一般的に用いられる漢字に置換している。そのため、「台湾↔臺灣」のように表記が揺れてしまう部分がある。また、現地表示自体にも表記揺れが多いため、「臺鐵便當」など一部の店名・メニュー名については著者の判断で本書内での表記法を統一していることをご承知おきいただきたい。

本書はエリア別に構成しているため、各記事の掲載順については実際の訪問順と前後する場合もある。私の台湾一周旅行は必ずしも本書の順番どおりだったわけではなく、南へ行ったり北へ戻ったりを繰り返した末に台湾一周を完成させている。執筆に際して順番を少々並べ替えた部分もあるということを、あらかじめお断りさせていただく。

情感を高めるため、本文は紀行形式で構成した。実際に台湾一周旅行に随行しているかのような気分で読み進めていただければ幸いである。

台湾みちくさ写真館

観光夜市では、まずは格安麺グルメの大腸麺線を食べたい。1杯30元（111円）くらいだから、ハシゴも気軽にできる。この屋台は、パクチー入りで東南アジア風の味わいだった（台北市・公館夜市にて撮影）

提灯大量発生につき、頭上注意。お祭りがあるわけでもないのに、気分はいつでもお祭り騒ぎ。こういうところにも、庶民の底知れぬパワーがみなぎっているように感じる（新北市・樹林駅付近にて撮影）

序章

2年ぶり2回目の台湾へ！

わずか20分での入境

２０１９年10月16日、午前8時40分。私を乗せたＭＭ８６８便は、ほぼ定刻どおりに桃園国際空港に着陸した。日本と台湾とでは、1時間の時差がある。かつての海外旅行では、機内で時計を1時間遅らせるなどの対応が必要だったが、今はスマートフォンに搭載されているＧＰＳが現在地を把握して、自動的に表示時刻を調整してくれる。便利な世の中になったものだ。

東京国際空港（羽田）を朝5時25分に発つ早朝便での台湾入り。この便に乗るためには、京浜急行にしろ東京モノレールにしろ、始発で羽田入りしても間に合わない。自家用車やタクシー、深夜のリムジンバスなどを利用するのでなければ、前夜のうちに羽田に入り、出発ロビーで朝を待つ必要がある。

なぜ、こうまでして早朝便にこだわったのか。それは、２０１７年に初めて台湾を訪れた際、桃園国際空港第１ターミナルでの入境審査に2時間以上を費やし、初日をほとんどフイにするという苦い経験があったからだった。14時だか15時だかに着く予定が、飛行機の遅れで18時になり、さらに入境審査に2時間。その後両替や取り急ぎ必要な買い物を経て、空港を出る頃にはもう21時を過ぎていた。

飛行機の遅れは、不可抗力だと諦められる。しかし、このときの入境審査が、私にとってはとても印象の悪いものだった。台湾人と外国人（中国本土を含む）とで分かれた窓口はずらりと10以上並んでいるのに、入境審査官が対応に当たっていたのは2か所だけ。ほかの8か所以上は、ずっと閉鎖されたままだった。何百人という旅行者が九十九折りになって牛歩を強いられても、3か所め以降の窓口が開くことはなかったのだ。混雑が激しければ窓口を増設してスムーズな対応を図るものだと思っていた私は、辟易してしまった。

そこを考慮しての早朝便利用だったのだが、今回は順調すぎて拍子抜けしてしまった。入境審査窓口は5か所以上開放され、それでもなお行列が長く伸びれば、台湾人向けの窓口を一部外国人向けに変更し、行列の動線を切り替えて誘導。

日本人観光客に対しては、入境審査自体も簡易的だ。パスポートと機内で記入した入境カードを提出し、審査官が目視で本人確認をする。顔写真を撮影し、両手人差し指の指紋を採取して、終了。ひと言も発することなく、20秒ほどで終わった。行列に並んでいた時間も、わずか20分ほどだった。

今にして思えば、2017年の訪問時には、飛行機の遅れで到着が夜間帯に入っていたため、多くの入境審査官がすでに帰途についており、新たに窓口を開けようにも審査官が足りなかったのだろう。

入境審査を終えて、最初にやらなければならないのは、日本円から台湾元（「ニュー台湾ドル＝ＮＴ＄」と表記する場合もあるが、飲食店などでは「元」表記の方が多いので、本書では「元」で統一する）への両替だ。日本国内で事前に両替をしておくこともできる。しかし、日本の銀行などでの外貨両替は、手数料が高いうえレートもよくない。特別な理由がなければ、現地での両替がベターだ。レートは、1元が約３・７円。９月のロケハン時、10月の本取材時、12月の再取材時で若干の変動はあったけれど、おおむね１：３・７前後で推移している。少しでもレートをよくしたい場合には、桃園ＭＲＴの機場第一航廈駅方面へ続く通路の途中、フードコートの脇にある台湾銀行窓口を利用するといい。わずかな差ではあるが、到着ロビーの両替所よりもレートがよかった。

両替を終えたら、空港内でチャージ式の交通系ＩＣカードを購入しておくのも手だ。台湾への個人旅行には、台湾全土で使用できるＩＣカードが欠かせない。列車に乗車するときはもちろんのこと、事前に運賃を知ることが難しいうえお釣りが出ない路線バスを利用する場合にもたいへん便利だ。コンビニエンスストアなどでの買い物にも使える。

列車乗車時のメリットは、毎回切符を購入する手間を省けることだけではない。日本のＪＲに相当する台湾鉄道（以降「台鉄」）に乗車する場合、切符運賃から1割引になる。

私のように各駅を探訪して回りたい場合には、さらに利便性が高い。私は、乗った列車が駅に到着して、車内から駅の雰囲気を見て、その駅で降りるか否かを決める場合が多い。切符を買って途中下車すると、切符は回収され、前途無効になってしまう。しかし、ＩＣカードなら乗車時に降車駅を指定されないから、気の向くままに途中下車の旅を楽しめるのだ。

台鉄のローカル線では、ICカードの簡易改札機のみが設置されている無人駅も多い。言葉が通じないなかで毎回降車時に精算するのも大変だ。ICカードを持っていれば、こういった煩わしさからも解放される。

日本と違って、台湾にはICカードが使えないエリアは存在しない。また、SuicaエリアとTOICAエリアをまたがっての利用ができない日本と違い、すべてのICカードが台湾全土で使用できる。

台湾で使用できるICカードは、主なものだけでも以下の4種類がある。

・悠遊卡（EasyCard）：台北など北部で多く流通する交通系ICカード。南部でも問題なく使える
・一卡通（iPASS）：高雄など南部で多く流通する交通系ICカード。北部でも使用可
・愛金卡（icash）：セブンイレブン系列の流通系ICカードだが、各交通手段にも使える
・有錢卡（HappyCash）：百貨店などを営む遠東グループの流通系ICカード。各交通手段にも使える

各カードの通用範囲や待遇に大差はなく（台鉄と各都市MRTはいずれのカードも全線で使用可）、旅行者が使うぶんには不自由はないだろう。私は一卡通を利用したが、特段不便に感じるところはなかった。強いて言えば、各駅や空港の構内に設置されている飲み物の自動販売機で使用できなかったことくらいだろうか（悠遊卡は使用可）。なお、台北の猫空ロープウェイで使用できるのは、悠遊卡のみ。乗車予定があるのなら悠遊卡を選択するのがベストかもしれない。

桃園国際空港内で購入した一卡通。デザイン性の高いものも多く、愛着が湧く

フードコートは間口が狭く、奥に長い造り。10店舗ほど入店している

最初の台湾料理は、フードコートの摃丸湯麵

桃園国際空港から台北市街に出る方法は、主として3つ。ひとつ、鉄道（桃園MRT機場線）。2つ、路線バス。3つ、タクシー。このなかでもっとも速いのは、鉄道だろう。桃園国際空港第1ターミナルに直結している機場第一航廈駅から台北駅まで、直達車（快速に相当）で約35分。もっとも安いのは路線バスで、もっとも快適なのはタクシーだろうか。私はこれから鉄道で台湾を一周しようとしている身。MRTでの台北入りが妥当だ。

空港ターミナルから機場第一航廈駅までは、少し距離がある。到着ロビーの裏手に回り、背中合わせになっている出発ロビーを通り抜け、その先に地下に降りるエスカレーター。これを2階ぶん降りると機場第一航廈駅だ。

だがその前に、エスカレーターを1階ぶんだけ降りたところで、私ははたと足を止めた。目の前には、多くの人々で賑わうフードコート「新東陽美食広場」。厨房の熱気と人々の発する熱気が相まって膨張し、さして広くもないフードコート内だけでは収まりきらず、エスカレーターの踊り場にまでこぼれ出ている。まるで、熱気が私を手招きしているかのようだ。これから台湾全土で駅弁&駅麺を飽きるほど食べることになるのだけれど、まずはここで一杯食べておくのも悪くない。そう思いついたら最後、意識も半ばのうちにふらふらと人ごみに吸い込まれていったのだった。

実はこのフードコートには、2017年の台湾初訪問時にも立ち寄っている。その際には、「海端摃丸」という店で新竹炒米粉（ビーフン炒め）を食べた。これがなかなか美味しく、しかも安かった。後に60元（222円）という価格は空港直結フードコートならではの割高設定だと気づくことになるのだが、日本の飲食店相場から

摃丸のほかに、モヤシ、ニラ、フライドガーリックがトッピングされている

考えるとたいへん安く感じたのだ。２時間に及ぶ入境審査で折れかけていた私の心を、まるで折れ目にパテを埋めるかのようにやさしく修復してくれた。このときの記憶が蘇ったからこそ、もう一度寄ってみようと思いついたのかもしれない。

どうせ食べるのなら、２０１７年の記憶が重なる「海端摃丸」がいい。そして、２０１７年に食べた新竹風炒米粉以外のメニューがいい。そうだ、思い出した！２０１７年の訪問時にも、最初は「摃丸湯麵」を食べようと考えた。しかし、時間が遅かったためか売り切れていて、炒米粉への変更を余儀なくされたのだ。そして、「入境審査がもっとスムーズに進めば、摃丸湯麵を食べられたかもしれないのに」と、地団駄を踏んだのだ。

もはや選択の余地はない。メニュー一覧を詳しく見るまでもなく、摃丸湯麵をオーダーだ。価格は90元（３３３円）。炒米粉よりは高いし、街なかに出ればもっと安く食べられるのだろうが、日本人の感覚だとやはり廉価に感じる。

レジで先払いして、その場で待って受け渡された摃丸湯麵。それは、細めの中華麺に塩味のすっきりしたスープを合わせた、比較的日本の塩ラーメンに近い味覚のものだった。台湾のスープ麺はおおむね薄味傾向だが、この一杯にはわりとはっきりした塩味が感じられた。日本人でも違和感なく美味しいと感じるものだが、台湾らしさがあまり感じられず、「観光客仕様なのかな?」と思う部分もある。

トッピングされた摃丸《ゴンワン》をかじってみて、なるほどと頷いた。塩気の正体は、これか。摃丸に塩が利いていて、その一部がスープに染み出ていたのだろう。摃丸は、台北と台中の間に位置する新竹市周辺で多く食されている郷土料理。ビーフンも新竹名物だし、「海端摃丸」は新竹料理を中心に提供する店なのだな。

摃丸は、ひと言でいえば肉団子。しかし、われわれ日本人が「肉団子」というワードから想像するものとはだいぶ違う。挽き肉を丹念にすりつぶして作るので、見た目にははんぺんのようにつるりとしていてやわらかそうなのに、実際に食べようと歯を当ててみるとなかなか歯が通らない。硬いのではなく、弾力がとても強いのだ。最初のひと噛みは、「ゴムボールを噛んでいるようだ」と思ったほどだ。これは、日本では経験したことのない食感だ。

味は折り紙付き。豚肉の旨みに加えて、調味料や香辛料がしっかり利いており、ソーセージに近い味わい。プリンプリンとした強烈な食感のなかに宿した濃厚な旨みを楽しめる。

これは幸先いいぞ。この一杯に巡り合えたことで、これから始まる台湾一周の楽しみがより大きく膨らんだ。そして今回は、これまで私が専門的に研究してきた駅麺の世界だけでなく、鉄道ファンの間で絶大な人気を誇る駅弁も食べて回る予定。駅麺にくらべて筆者の知識が浅い世界なので、どれほど的確な表現で紹介できるか、不安な部分もある。分からないことを「分からない」と表現せざるを得ない部分も出てくるだろう。足りない経験は、感性でカバーだ。

桃園ＭＲＴで、台北へ！

機場第一航廈駅から台北駅までは、２０１７年に開業した桃園ＭＲＴ機場線で一本。快速に相当する直達車で約35分、各駅停車に相当する普通車で約45分。運賃は、運賃表では１６０元と記載されているが、２０１８年10月より1乗車につき一律10元引きのサービスが適用され、１５０元（５５５円）になっていた。なお、ＭＲＴとは「マス・ラピッド・トランジット（大量高速輸送）」の略。台湾語では「捷運《ジェユン》」と称される。日本では「地下鉄」と呼ばれることが多いが、必ずしも地下を走ると決まっているわけではなく、地上や高架を走る路線もある。桃園ＭＲＴも、高架区間が多い。

桃園ＭＲＴに限らず、台湾の鉄道は基本的に「単価×距離」で運賃が計算される。だから、乗車距離が長くなるほど単価が安くなる運賃体系の日本にくらべると、初乗り運賃が安く感じられる。桃園ＭＲＴの初乗り料金は30元（１１１円。

桃園MRTのトークンは紫色。台北MRTは青色。同じトークンでの乗り継ぎはできない

1乗車10元引きを考慮すると20元）、台北MRTは20元（74円）、台鉄にいたっては15元（56円。第5章で紹介する普快車は11元）だ。

日本では、途中で一度下車して切符を買い直すと運賃が高くなるのが一般的だ。たとえば、JR山手線の池袋から品川までの運賃は270円。途中の渋谷でいったん下車して切符を買い直した場合は、池袋～渋谷が170円、渋谷～品川が170円で、計340円と割高になる。しかし台湾では、途中下車して切符を買い直した方が安くなる場合が少なくない。1乗車につき10元の値引きがある桃園MRTなら、なおさらだ。機場第一航廈駅から台北駅まで乗車する間、途中の長庚医院《チャングンイーユエン》駅と新北産業園区駅でいったん下車して切符を買い直せば、運賃表上で60元＋35元＋35元＝130元と割安。さらに1乗車ごとに10元の値引きが適用されるので、3回の乗車で30元引き。100元（370円）で台北駅まで行けるのだ。近くに観光客人気の高いアウトレットモールがある林口《リンコウ》駅で一度下車するだけでも、120元になる。時間に余裕があるのなら、桃園MRTの各駅探訪を兼ねて途中下車しながら台北駅を目指すのもいいだろう。そのほか、インターネットで予約して空港で受け取れる外国人限定の割引切符を利用する手もある。

一方、桃園MRT乗車時には注意しなければならない点もある。桃園国際空港から台湾に入る場合、多くの旅客は桃園MRTが〝台湾で初めて乗車する鉄道〟になる。日本との違いに戸惑い、あるいは知らず知らずのうちに禁止事項を破って罰則が適用されるケースがあるのだ。

ひとつは、切符がプラスチック製のコイン型トークンだということ。不慣れだと紛失しやすいので、財布に入れておくなどしっかり管理したい。自動改札を入るときには読み取り部にトークンを押し当て、出るときには挿入口に入れる。

そしてもうひとつが、改札内（改札付近に引かれている黄線内）では、喫煙はもちろん飲食も禁止されているということ。違反した場合、喫煙は最大1万元（3万7000円）、飲食は最大7500元（2万7750円）の罰金が科される。

水程度なら許容される場合もあるようだが、日本の感覚でガムを噛みながら改札を入るようなことがないよう気をつけたい。このルールは台湾全土のMRTに共通していることなので、すべてのMRT駅において、改札内に飲食店は存在しない。しかし、一部の駅では、改札内にも飲料の自動販売機が設置されている。売っておきながら「飲んではいけない」というのは、どうにも理不尽に思えてならないのだが……。

乗り心地は、特段悪くなかった。揺れは小さいし、音も静かだ。ただ、座席がプラスチック製なので、加減速時にお尻が滑る。日本の鉄道にくらべて、座っていても少々踏ん張ることを意識する機会が多くなるだろう。

機場第一航廈駅の地下ホームを出た列車は、坑口《コンコウ》駅の手前で地上に出て、その後は主に高架を走る。体育大学駅から泰山貫和《タイシャングイへ》駅にかけてはちょっとした山越えになるので、速度を落として走る。まるで、早く台北に出ていろいろ食べ歩きたい私を、「まぁまぁ、旅は長いのだから、焦らずじっくり構えなさい」と諌めるかのようだ。

台北MRTとの接続がある三重《サンチョン》駅を出て、再び地下トンネルに潜っていくと、やがて終点の台北駅に到着だ。この先、どんな出会いが待っているかな。事前リサーチが充分とは言えないから、楽しみ半分、不安も半分。ただ、その不安でさえ、いざ旅が始まれば楽しみに変わる。不安のない旅なんて、面白くもなんともない。そう考えれば、旅路の先に待つのは楽しみのみだ。台北駅に到着して、ホームドアとともに列車の乗降ドアが開く。ここからは、自由だ。どこをどう巡っても、どこで道草を食っても、自由。このドアが開く瞬間は、私にとっては旅のゲートウェイが開く瞬間でもあった。

桃園MRT車内の様子。頭上の網棚のほか、ドア脇にもラゲッジスペースがある

台湾みちくさ写真館

台湾名物、原付バイクの二列横隊。台湾はとにかく原付バイクが多い。必ずしも運転マナーがよいとは言えないので、青信号であっても、特に右折車に注意して歩こう（台北市・忠孝敦化駅付近にて撮影）

日本人観光客の間でも人気が高い、台鉄平渓線の線路上での天燈上げ。ビニール製の天燈の中で火を焚けば、熱気球の原理で空高く飛ぶ。思い思いの文字や絵を描いて空に放とう（新北市・十分駅付近にて撮影）

第1章 グルメ天国の台北駅

台北駅舎は、夜間には幻想的なライトに包まれる

台北駅はグルメ天国だった！

桃園MRTの台北駅は、台鉄の台北駅から見て西側の外れにある。列車を降りてから改札までの距離が長く、改札を出てから台鉄の台北駅までがさらに長い。そしてその連絡通路には、店の類がほとんどない。だだっ広く、殺風景な通路が延々と続く。「こんな調子で、駅麺や駅弁のネタが充分集まるだろうか」と、少々不安になる。

しかし、私は2017年に一度台湾を訪れたことがあるので、知っていた。台鉄の切符売り場などがある駅舎は、東京駅に勝るとも劣らぬほどのグルメ天国だということを。武道館を思わせる荘厳な駅舎は、吹き抜けになっているメインホールを中心に、ぐるりと飲食店や土産物店などが取り囲み、さらに2階もレストラン街になっている。駅弁・駅麺のみならず、ハンバーガーショップ、ジュースバー、本格的な中華料理店、果てには回転寿司店まで揃っているのだ。

メインホールは、台鉄の切符売り場があるほか、各種催事の会場としても使用されている。催事があるときにはいろいろな展示物やブースが設置されていてゴチャゴチャしているが、催事がないときにはたくさんの人々が地べたに座り込んで、間もなくここに国民的スター俳優でも登場するのではないかと思わせるような光景が広がる。グルメ&ショッピングゾーンは、通行人が多いこともあって地べたに

台北駅のメインホール。天井の高さに圧倒される

座り込む人は少ないが、やはり駅舎の出入口付近や外側の壁沿い、さらには植込みの縁などに、多くの人が座っている。

本来座る用途ではない場所に大勢座っている理由は、一目瞭然。台北駅にはベンチが少なく、いわゆる待合室がないのだ。グルメ&ショッピングゾーンや地下にわずかにベンチがある程度で、それらはほぼ常時椅子取りゲームのような状態になっている。だから、がらんとしたメインホールが座り込む人々で溢れかえってしまう。せっかくの厳かなメインホールが、秩序なく座り込む人々で雑然とした印象になってしまうのは、なんだかもったいなく感じる。一方では、もんもんと立ちこめるアジアの活気・熱気を感じられる駅であるとも言えるのだけれど。切符売り場の窓口にできている長蛇の列を眺めていると、「ここからいよいよ台湾一周の旅が始まるのだな」と、身が引き締まる。

だがその前に、まずは台北駅の駅弁・駅麺を探訪していこう。いったんグルメ&ショッピングゾーンに出て、押しくら饅頭のような状態になっているベンチを見やると、座っている人の半分くらいが手に弁当を持ち、一心不乱に喰らいついていた。ベンチ全体を、台湾料理に特有の香辛料である五香粉の刺激的な匂いが包み込んでいる。なるほど、これがかの有名な台湾の駅弁「臺鐵便當《たいてつべんとう》」なのだな。2017年には食べ逃していることだし、まずはここから攻めていくことにしよう。

台湾の駅弁は、大きく分けると3種類ある。台鉄（台湾鉄道）が直営で製造・販売している臺鐵便當、日本の新幹線に相当する高鉄（台湾高速鉄道）の公式駅弁である高鐵便當《こうてつべんとう》、そして、その他の業者が販売する弁当。日本の構内営業中央会に相当する統括組織があるわけではなく、駅弁マークに類するものもない。そのため、臺鐵便當・高鐵便當以外の弁当については、駅弁とみなすべきか、それとも単なる弁当とみなすべきかの線引きが難しい。そのため、本書においては、「駅構内で販売している、米を使った弁当類」を一律駅弁とみなして探訪を進めていくことにする。迷ったら拡大解釈。これは、私がグルメ探訪をする際の鉄則だ。

ベンチで肩を寄せ合って臺鐵便當を食べる人々

傳統排骨便當。丈夫な輪ゴムで留めてあるので、手に持って歩ける

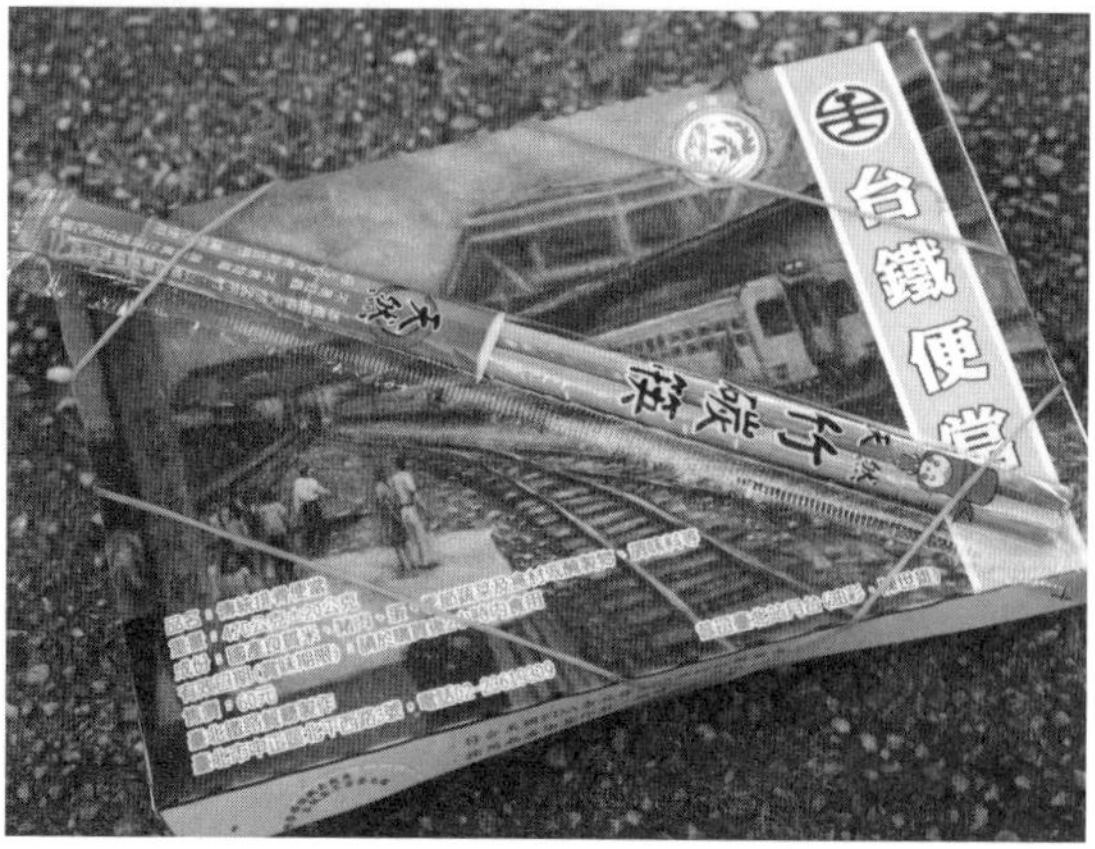

臺鐵便當は、3種類＋α

台北駅には、臺鐵便當の販売店が多数ある。このうち、1階の西3門出口近くにあるのが、1号店。しかし、実は人通りの多い1階よりも、地下通路にある店舗の方が多い。1階には臺鐵便當以外の弁当販売店や飲食店がたくさんあって、競合してしまうためだろうか。1号店は、時間帯によっては店舗の外に長い行列ができていることもあるが、店内で食べるわけではないので、意外と待ち時間は短い。ただし、目当ての品が売り切れてしまうこともしばしば。そのようなときには、地下の店舗に回るのも手だ。1号店にくらべて扱う弁当の種類は少ないが、絶対的な客数が少ないので、商品をじっくり見て選びたい場合にも好適だ。

1号店で扱っている弁当は、訪問時には8種類だった。これは、臺鐵便當販売店としてはトップクラスの品揃え。地下の店舗では2～5種類程度で、郊外の駅では1種類しか用意していないこともある。

8種類のなかで、ポピュラーな3種類の弁当を食べくらべてみよう。

①傳統排骨便當（60元＝222円）

箱と蓋が一体になった四角形の紙製容器に入った弁当。蓋には、陳世雄氏の油彩画がプリントされている。絵柄は、「昔日台北站月台」。和訳すると、「かつての台北駅ホーム」だ。きちんと包装された竹箸付き。

容器一面に白飯が敷き詰めてあり、その上に排骨《パイコー》（骨付きの豚あばら肉）、高菜炒め、煮玉子、湯葉煮をのせてある。排骨と煮玉子以外の惣菜は、季節によって変わる旨が蓋に記されている。台湾の弁当はこのような丼ものスタイ

ルが一般的で、ご飯と惣菜を分けた幕の内スタイルは少ない。

豚肉は薄く衣をつけて揚げてあり、美味しいけれどやや油が強かった。また、衣に使う粉が小麦粉よりも片栗粉に近い独特なもので、少々べとつく。とろっとしたウェッティな食感なのだ。味付けが薄めなので、ご飯のおかずというよりも肉だけで食べたくなる。とても大きいように見えるが、厚みはない。女性でもペロリと平らげられるだろう。ただし、骨の断面が鋭利なので、かぶりつく際には口腔内を傷つけないよう注意が必要。五香粉の匂いはそれなりにあるものの、思っていたほど強くなかった。

煮玉子と高菜は、日本人の舌にも合いそうな味覚だ。特に煮玉子は醤油ベースのタレの味が中心部までよく染みており、「2個入れてほしい」と思うくらい美味しかった。白飯は、日本の米にくらべるとモチモチ感があまりなく、少しパサつく印象。旨み・甘みも弱め。ただ、妙な臭みなどはないので、日本人でも抵抗なく食べられる。

味付けは、日本人の感覚で考えると総じて薄い。はっきりと塩味を感じるのは煮玉子くらいで、それ以外はやや物足りなく感じる部分もある。この味付けに慣れるまでには、数日かかるかもしれない。

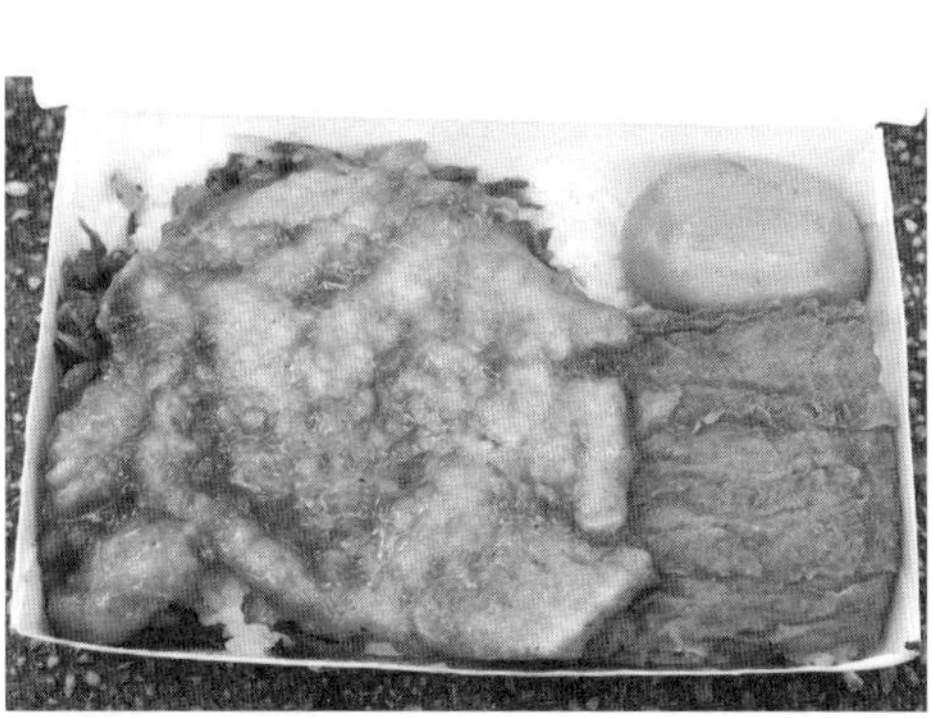

色気はあまりないが、食べごたえは充分

弁当としては飾り気のないシンプルなものだが、日本では1000円超えが当たり前の駅弁が200円少々で買えるのだから、ありがたい話だ。コンビニエンスストアで販売している弁当より安い。駅構内のベンチで人々が食べているのも、たいてい傳統排骨便當。旅先など特別な時ではなく、日々の食事として食べる人が多いようだ。

②排骨八角木片盒便當（80元＝296円）

傳統排骨便當を少しグレードアップさせたもの。八角形の経木製容器で、蓋は透明なプラスチック製。紙箱と違って折りたたむことができないので、容器を記念に持ち帰りたい場合には少々かさばって不便。その一方で、経木ならではの

容器の形状が特徴的な排骨八角木片盒便當

香りと質感が旅情を高めてくれる。また、紙箱より丈夫なので、購入後すぐ食べずに持ち歩く場合に重宝する。ただし、臺鐵便當の賞味期限は一律購入後2時間なので注意を。

内容は、傳統排骨便當よりも惣菜がひとつ多く、5種類入っている。私が購入したものは、排骨、煮玉子、子持ちシシャモのような魚のフライ、青菜炒め、キャベツ炒めというラインナップだった。全体的に味付けは薄めだが、青菜炒めのほんのりとしたニンニクの香りが補い、物足りなさは感じなかった。また、全体的に醤油系の味付けの惣菜が多いなかで、少し生臭みのある魚のフライが強烈な存在感を放っていた。

③懷舊排骨菜飯圓木片盒便當（100元＝370円）

傳統排骨便當の白飯を炊込みご飯に変えたバージョン。商品名に「木片」とあるが、弁当箱は経木ではなく円形の紙製容器だった。これも折りたたむことができないため、容器を記念に持ち帰りたい場合にはかなりかさばってしまう。蓋は透明なプラスチック製。

炊込みご飯には小エビの香ばしさがあり、ご飯自体の旨み不足を補ってくれる。日本人の多くは、白飯の弁当よりもこちらの方が好みなのではないかと思う。惣菜は4種類で、排骨、煮玉子、野沢菜のようなシャキシャキした青菜の炒めもの、若竹とニンジンとキクラゲの炒めものという構成だった。

これら3種の臺鐵便當に共通しているのは、排骨と煮玉子。このふたつは通年入れている惣菜で、そのほかは季節ごとに、あるいは商品ごとに内容が異なる。傳統排骨便當は紙蓋のため中身が見えないので「開けてみて何が入っているか」

ということになるが、蓋が透明な排骨八角木片盒便當と懷舊排骨菜飯圓木片盒便當は、入っている惣菜を購入前に確認できる。当てずっぽうで買うのも楽しいものだが、好き嫌いがある場合には中身を見てから買うのも手だ。ただし、キャベツや高菜などは大きな排骨の下に隠れていて見えない場合もある。

また、3種の弁当はそれぞれ容器の形状が異なっているのもポイント。容器の形状だけで、値段が把握できるようになっているのだ。販売店に行ってみて、在庫が丸い容器の弁当しかなければ、100元。四角と八角があれば、60元と80元。ひと目で値段が分かるので、購入する側としては選びやすくて助かる。他駅の店舗でも、「四角形の紙箱＝60元、八角形＝80元、丸＝100元」が原則になっている（このほかに、楕円形＝80元の弁当を扱う駅や店舗もある）。メニュー名からではなく現物を見て選ぶ場合には、容器の形状も参考にするといいだろう。

懷舊排骨菜飯圓木片盒便當は、ご飯を美味しく食べたい場合に重宝する

臺鐵便當には地域性があった！

3種類を食べくらべたことで、すっかり臺鐵便當を制覇した気になっていた。しかし、ほんの気まぐれで、1号店に隣接する鉄道グッズ販売店「臺鐵夢工場」を覗いてみて、愕然とすることになった。出入口脇に可動式のブースが出ており、なんとここでも臺鐵便當を販売しているではないか！ しかも、よくよく見ると「七堵《チードゥ》製供」との表示がある。これはいったいどういうことか？

いぶかしげに私を見つめる店員をよそに、さらに掲示物を見ていくと、以下の文言が書かれた貼り紙を発見したのだった。

台鐵七堵餐廳製作
Q：跟隔壁有何不同?
廚房 不同
配菜口味 不同
特色便當 不同
台鐵全台有6個廚房製作便當
（七堵、台北、台中、高雄、花蓮、台東）

台湾語をきちんと理解していない私でも、この意味はおおむね読み取ることができた。すなわち、

〝台鐵七堵餐廳が調製した弁当は、壁を隔てた店舗（1号店）と何が違うのか？ 厨房が違う。惣菜の組み合わせと味付けが違う。特別な種類の弁当が違う。台鉄には全部で6か所（七堵、台北、台中、高雄、花蓮、台東）の厨房で調製した弁当がある。〟

ということだ。慌てて先に食べた臺鐵便當の容器を見ると、底の裏に「臺北」との記載があった。つまり、七堵製供の店舗では、1号店とは異なる惣菜の組み合わせで、異なる味付けの弁当を販売していることになる。そして、台北と七堵のほかにも、さらに4つの異なるバージョンが存在するというのだ。

これはとんでもないことになった。台北製をひととおり食べただけでは、臺鐵便當を制覇したことにはならない。台北

七堵製供の臺鐵便當販売店。向かって右手に1号店が、左手に「臺鐵夢工場」がある

駅で食べた3個の臺鐵便當は、ほんのプロローグにすぎなかったのだ。6か所の調製所の弁当を全種類食べるのは難しいが、ベースとなる60元弁当は全調製所のものを食べくらべておきたい。台湾一周旅行の課題が一気に増えて、「果たして胃袋が耐えられるだろうか？」という不安がこみ上げてきたのだった。

　こうなったら、どんどん食べるしかない。勢いに任せて、60元の七堵製「酸菜排骨便當」を購入。容器は、台北製と同じく蓋と一体化した紙製のもので、四角形。蓋にはやはり陳世雄氏の油彩画が描かれているが、絵柄が異なっていた。七堵製は、「八斗子車站」。八斗子《バードウツ》駅は、台北から見て七堵の4駅先、瑞芳《ルイフェン》駅から分岐する深澳線の終着駅。なるほど、蓋には当該調製所の販売エリア内の場所が描かれているということか。

七堵製の酸菜排骨便當。台北製とは商品名が異なるのも面白い

　紙箱いっぱいに白飯が敷き詰められ、その上に配された惣菜は、排骨、煮玉子、湯葉煮、高菜炒め、そして台北製には入っていなかったキュウリの漬物。蓋を開けた時点では白飯がガバッと見えていて「少し寂しいな」と思ったけれど、食べ進めていくと排骨の下から大きな湯葉煮がこんにちは。童心をくすぐられるサプライズだった。

　気になるのは、台北製とは異なるという味付け。食べてみて、排骨と煮玉子、湯葉煮については、違いがあまり分からなかった。高菜炒めは、台北製のものより少し辛い。キュウリの漬物も、辛みのある調味になっていた。塩気の強い漬物は、白飯との相性もよい。台北製の臺鐵便當よりも、白飯と惣菜のバランス感が私好みだった。

　うん、これは面白い。ほかの調製所の臺鐵便當も、楽しみだ。惣菜や味付けの違いはもちろん、蓋にどんな絵柄が描かれているかも気になる。まだ見ぬ臺鐵便當に思いを寄せつつ、ご飯ひと粒たりとも残さずに完食。静かに箸を置いたのだった。

ジャパニーズ駅弁の奮闘

台北駅構内で購入できる弁当は、臺鐵便當ばかりではない。台湾人は日本人よりも自炊率が低いといわれ、普段の食事を外食や中食（弁当などを買って自宅で食べること）でまかなう人が多い。そのため、駅構内に限らず、飲食店や弁当店がとても多い。地方の無人駅で降りても、駅周辺にはたいてい飲食店や弁当店がある。ましてや連日多くの人々が行き交う台北駅となれば、数えきれないほどの飲食店や弁当店が軒を連ねる。

そのなかで私が注目したのは、1階のグルメ&ショッピングゾーンにある「招来日日便當」だ。〝日日〟の文字列が入っていることから、おそらく日本が絡んでいるのだろうと想像できる。そして調べてみると、なんとこの店は兵庫県姫路市の駅弁事業者「まねき食品」の弁当販売店だったのだ。個人的には、駅弁よりも中華麺とうどんつゆを合わせた名物駅麺「えきそば」のイメージが強いが、台湾の店舗は弁当専門。なるほど、〝まねき〟が〝招来〟というわけか。

商品には入っていないが、看板に駅弁マークが入っている

台湾では、日本のスタイルを取り入れた飲食店などは、たいてい〝日式〟と表示している。韓国スタイルなら〝韓式〟、アメリカンスタイルなら〝美式〟。これを知っておくだけでもグルメ探訪がだいぶスムーズになるので、覚えておいて損はない。

さて、日本の駅弁事業者が、果たして弁当大国台湾でどのような弁当を提供しているのか。興味津々で店頭へ。

陳列された弁当は、臺鐵便當よりも種類が多かった。99元（366円）均一の丼ものスタイルの弁当だけでなく、台湾

では珍しい幕の内スタイルの弁当（120元〜）もある。丼ものスタイルの弁当にもいくつかの種類があるが、個別の商品名は付されておらず、全部ひっくるめて「四角飯盒」として陳列。そのなかから、和食が恋しくなったときにうれしい焼き魚がのった弁当を買ってみた。

商品名に「四角」が入っているのに、容器は円形というか、すり鉢状。頭上に「?」が浮かぶところだ。見本の写真では直方体に近い形状の紙容器になっているから、以前は「四角」だったのだろうか。駅弁マークどころか掛け紙もシールもない簡素なパッケージにやや寂しさを覚えるが、透明な蓋越しにサバの塩焼きが見えると、気持ちが昂る。台湾では圧倒的に肉料理が多く、意識して訪問しない限り魚料理にはなかなか出合えない。どちらかというと肉より魚の方が好きな私にとっては、サバの塩焼きが垂涎のごちそうのように思えた。

ご飯の上に敷き詰めてあるのは、昆布の佃煮。その上にサバの塩焼き2切れ、キャベツ、ふかしたジャガイモ、インゲン、ミニトマト、エノキと青菜の和え物が配されている。蓋を開けた瞬間の五香粉の匂いもなく、純然たる和食テイスト。サバは小骨が少々気になったけれど、日本で食べるものとほぼ同じ味。安心感に満ちていた。そして、佃煮の塩気が体の隅々まで染みわたる。まるで、フルマラソンを完走した後で飲むスポーツドリンクのようだ。そのくらいに、台湾には塩気の薄い料理が多いのだ。

異国の地で食べる、日本の駅弁。それは、決して非日常の特別なものではなく、異国の日常生活にじんわりと溶け込むものだった。台湾の人々も、きっと日常的にこの弁当を食べているに違いない。飾らず、気取らず。駅弁マークも掛け紙もない弁当だからこそ、自然と台湾の日常シーンに馴染んでいたのかもしれない。

野菜中心でヘルシーな弁当なので、女性受けがよさそう

バスターミナルにも駅弁が

駅麺の話に進む前にもうひとつ、駅弁に類する弁当の話題を。台北駅の東側に隣接している、国光客運のバスターミナル。国光客運は、台湾省公路局（いわば国営バス）を前身とするバス会社で、２００１年に民営化された。もとが国営だけに運行路線は台湾全土にわたり、旅行者も利用する機会が多い。多くの路線を運行しているだけに、各都市にハブの役割を担うターミナルがあり、乗車券販売窓口と待合所を兼ねた施設が設けられている。施設内には、飲食店や弁当店などが入居していることも多い。そして、興味本位で台北ターミナルを覗いてみたら、〝驛弁当〟を謳う弁当店があった。

バスターミナルで、驛弁当。やや違和感を抱く人もいるだろうか。ここには、日本と台湾の文化の違いというか、言葉の違いが潜んでいるように思う。日本では通常、バスターミナルを「駅」とは表記しない。しかし台湾では、鉄道駅もバスターミナルも「站《チャン》」。より正確に書くと、鉄道駅はその性格ごとに「站」「車站」「火車站」と表記し、バスターミナルは「站」「車轉站」「轉運站」などと表記する。鉄道にもバスにも「站」が用いられるわけだ。

これは、日本人旅行者が間違いやすいポイントでもある。鉄道駅に行きたくて、地図上で「站」を探してそこを目指したらバスターミナルだった、という経験がある方もいるかもしれない。このほか、保健所やサービスステーションもそれぞれ「保健站」「服務站」で、「站」の字がかなり幅広く用いられている。

もっともこれは日本にも言えることで、外国人旅行者は日本国内で「道の駅」や「リサイクルステーション」などを鉄道駅と間違えることがあるのかもしれない。分かりにくいのはお互いさま、ということだ。

少し話が逸れたが、台湾ではバスターミナルも「站」なのだから、バスターミナル内に驛弁当を販売する店舗があっても不思議ではない、ということだ。むしろ、「站便當」ではなく「驛弁当」と日本式の表記をしていることの方が気になる。なんとなく「日本人観光客を意識しているのかな」と思っていたら、看板の脇に「日式便當」と付記されているのを発見。これで納得だ。臺鐵便當と比較したいから、排骨便當（80元）を食べてみよう。

商品を受け取って、また脳裏に「?」が浮かぶことになった。先に紹介した招来日日便當では幕の内スタイルの弁当を扱っていたし、丼ものの弁当もサバの塩焼きなど和食の惣菜が中心となる構成だった。しかし、こちらで扱う弁当は、排骨便當や鶏腿便當、鹹豬肉便當など、和食のイメージとは離れた弁当が中心（蒲焼鯛魚便當など和食風のものもあることはある）。手にした排骨便當も、中央にドンと豚のスペアリブが鎮座した、臺鐵便當に限りなく近いスタイルの弁当だった。これの、いったいどこが日式だというのか?

ぶつくさ呟きながら、透明なプラスチックの蓋を開ける。すると、一転して疑問が瓦解することになったのだった。

五香粉の匂いが、まるっきりない!

多くの台湾料理、とりわけ肉料理につきまとうあの刺激性の匂いが、まったく感じられなかったのだ。これは日本人が馴染みやすい。

排骨の周囲に配された惣菜は、温野菜（ブロッコリーとカリフラワー）、高菜炒め、枝豆とコーンの炒めもの、穂先メンマ。そして排骨の下に魚肉ソーセージ、鶏だんご、半分にカットされた煮玉子が潜んでいた。臺鐵便當よりも惣菜の種類が多く、いろいろな味を楽しめるのがうれしい。80元の弁当としてはかなり豪華で、コストパフォーマンスは秀逸だ。台湾料理に疲れたときにありがたいという意味でも、招来日日便當とともに頭の片隅にとどめておくと重宝するかもしれない。

惜しむらくは、紙製の円形容器に店名等のプリントがないということ。記念に持ち帰りたくなるような容器ではなかった。また、原材料を記したシールなども貼られておらず、詳細情報を得られなかったのも残念だった。

煮玉子を排骨の下に隠す弁当は珍しい

台湾駅麺の横綱・牛肉麺は、地下街で

ここからは、駅麺探訪の話。台湾を代表する駅麺というと、牛肉麺を連想する人が多いだろう。屋台などを中心に巡っている人であれば「いやいや、牛肉麺よりも麺線の方がポピュラーだよ」と考えるだろうか。確かに牛肉麺は、麺料理のなかではわりと値が張る部類だ。屋台なら30元（111円）くらいで食べられる麺線に対し、牛肉麺はおおむね100元（370円）以上する。「サッと手軽に」という観点で考えれば、麺線の方が駅麺らしいと考えることもできる。

しかし、日本人の感覚で考えれば、牛肉をガッツリ食べられて370円なら、むしろとんでもなく安い。また、屋台以外では数多くあるメニューのなかのひとつになっていることが多い麺線に対して、牛肉麺はそれを専門的に提供する店が多い。さらに、これは探訪を進めていくなかで気づいたことだが、麺線は意外と駅構内で提供する店が少ないという事実もある。台湾駅麺の横綱格は、牛肉麺。そう考えていいだろう。

台北駅で牛肉麺を食べたいなら、地下に降りるのがベストだ。台北駅と直結する地下街はたいそう発達しており、その規模は東京駅や大阪駅にも匹敵するほど。あまりにも広すぎて迷う人が多いのか、エリアごとにアルファベットを用いて区分けされている。MRT中山駅に向かって北側に伸びるのは「R区（正式名称は中山地下街）」、MRT北門駅に向かって西側に伸びるのが「Y区（正式名称は台北地下街）」、Y区の南側で東西に広がっているのが「Z区（正式名称は站前地下街）」、Y区とZ区の間にあるモダンな地下街が「K区（正式名称は台北車站地下商場）」、そしてMRT改札付近にギュッと集まっている店舗群が「M区」だ。

それぞれの特徴を簡単に記しておこう。R区は、テイクアウトスタイルの食品店が多い。イートイン型の飲食店もあることはあるが、ほかの地下街にくらべると少ない。また、中山駅近くまで行くと書店街になる。

Y区は、ローカルな雰囲気が色濃く、衣料品店や雑貨店が多い。メイン駅舎から近いところには飲食店が見当たらないものの、桃園MRT機場線連絡通路と接続しているあたりまで行くと飲食店が多くなる。さらにその先、北門駅近く

K区の雰囲気に溶け込む、やや格調高い店

まで行くとインド料理店街を形成しており、国際色豊かだ。

Z区は、雑多な印象。日用品店や食料品店、さらにはゲームセンターなどもあり、専門性はないものの「ここを歩けば何でも揃う」という安心感がある。飲食店は、西側の桃園MRT機場線連絡通路と接続しているエリアに少々ある程度で、多くはない。

K区は、地下街というよりはデパート階上のレストラン街のようなムード。シックで洗練された雰囲気で、雑多な熱気はまったくなく、通路が広いこともあって心なしか人通りも少ないように感じる。

そしてM区は、MRT改札から近いだけにいつ行ってもごった返している。台北の地下街のなかでも一等地と言える場所だ。うどんや牛丼といった和食を扱う飲食店や弁当店が目につくが、ほぼ常時満席状態。

まずは、K区にある「老董牛肉麵」で、ベーシックな紅焼牛肉麵《ホンザオニウロウミエン》をいただこう。テーブルオーダー制で、先払い。お値段はやや高めの170元（629円）。とはいえ、店頭の看板には「上海世博台灣唯一指定牛肉麵」「2006台北牛肉麵節傳統組第一名」と記載があり、たいへんな名店なのだろうから、この価格帯で食べられるのはむしろありがたいくらいだ。その人気ぶりを象徴するかのように、21時頃の訪問で地下街にはあまり人影がなかったにもかかわらず、店内はなかなか賑わっていた。

牛肉麺は、大きくふたつに分類できる。ひとつは、醤油で味を調えた赤いスープの紅焼牛肉麵。そしてもうひとつは、醤油を使わず澄ん

濃そうに見えても、塩気はあまりない。コクと深みは折り紙付き

だ塩味スープに仕上げる清敦《チントン》牛肉麺。メニュー表では紅焼牛肉麺の方が先に書かれている場合が多く、また店によっては清敦牛肉麺の扱いがない場合もある。紅焼牛肉麺が、よりベーシックな牛肉麺だと考えていい。また、出費を抑えたい場合には、牛肉をトッピングしない、牛スープの〝かけラーメン〟に相当する牛肉湯麺を選ぶ手もある。

注文してから5分ほどで配膳された紅焼牛肉麺には、ひと口大にカットされたブロック肉が7つトッピングされていた。薄切りではなく、ブロック状でトッピングするのが一般的だ。脂身はあまりなく、コラーゲン質をたっぷり含んでいるから、脛肉だろうか。カレーやシチューに用いるような肉質だ。そして、適度な歯ごたえを残しつつも、とてもやわらかくて食べやすい。噛むほどにコラーゲン質が肉と一体化し、パサつきも気にならない。麺料理の括りではあるけれど、肉料理を謳っても充分通用する一杯だろう。

スープも、牛がベース。醤油を使っているとはいえ台湾の醤油はあまり塩気がないから、コクや深みがよく分かる。少し酸味もあって、ビーフシチューに通じる味わいだ。このスープが、太い平打ち麺にしっかり絡む。手延べの麺だろうか、ほどよくザラザラしていて、ゆるく縮れていることもあって舌を撫でる食感が楽しい。塩分控えめだから、スープも心おきなく飲み干せる。最初の一杯から、大満足だ！

なお、この店ではベーシックな牛肉麺のほか、トマトをトッピングした蕃茄《ファンチエ》牛肉麺（190元＝703円）や激辛仕様の椒香麻辣牛肉麺（180元＝666円）といった変わり種も揃えている。試してみたいところだが、これらは店を変えて食べてみることにしよう。

派生系牛肉麺を食べ歩く

　続いて私が向かったのは、Z区。あまり飲食店が目につかない地下街なのだけれど、西側の端、桃園ＭＲＴ機場線の連絡通路に近いエリアで、紅焼牛肉麺をメインに扱う「牛大娘」に出合えた。広い間口を開放して、通路から店内の様子が丸見えの構造。日本では多くの飲食店が間仕切りで遮断するところだが、これも台湾ならではの特徴だ。駅なかに限らず街なかでも、間仕切りを設けない、あるいは出入口のドアを常時開放している飲食店が多いのだ。個人的には、間仕切りがないと「冷暖房の設備がないのかな」と思ってしまう。しかしよく見ると、店頭に「冷気開放」の文字列が躍っていることもしばしば。夏場は日本以上に暑い台湾。街歩きを楽しむ際に「冷気開放」の店前を通ると、店内から漏れ出す冷気で一瞬だけ涼むことができる。エコロジーの観点では、あまり褒められたことではないように思うけれど。

　牛大娘は、老董牛肉麺よりもだいぶリーズナブルだ。紅焼牛肉拉麺は、１２５元（４６３円）。牛肉湯麺なら、60元で食べられる。しかし、かけラーメンでは著書のネタとしてつまらないし、かといって紅焼牛肉麺を続けて食べるのも、芸がない。そこで、トッピングもしっかり楽しめて、なおかつ出費を抑えられる牛腱麺《ニウチアンミエン》を食べてみることにした。これなら、85元（３１５円）とお手頃価格だ。老董牛肉麺と違って厨房がオープンなので、調理シーンを間近に眺められるのもうれしいところ。

　牛腱麺は、見た目には紅焼牛肉麺とあまり変わらない。醤油ベースのスープに太めの麺、肉のように見える物体がゴロゴロとトッピングされている。そし

牛腱麺は、日本の「かすうどん」のように、熱狂的なファンを生みそうな味

て、チンゲン菜のような青菜で彩りを添えている。しかし、これはあくまでも牛腱麺であって、牛肉麺ではない。だから、食感や風味が全然違っていた。腱だから筋っぽいのかと思っていたのだが、いざ食べてみるとやわらかく、とても食べやすい。例えるなら、生レバーか、煮こごり。肉ほどの旨みはなく、やや血生臭さもあるが、抵抗を感じるほどきつくはない。コクのあるスープと絡めて食べれば、これはこれで美味しいと思える。スープは、ここでもやはり塩分控えめだった。

麺は、形が不揃いだから、おそらく手延べなのだろう。日本のラーメンのようなモチモチした食感ではなく、全粒粉を使っているかのようなモソッとしていて重厚感があるものだ。それでいて、小麦特有の甘みがしっかり感じられ、美味しい。これが300円少々で食べられるのだから、物価の安さに頭が下がる。日本で食べたら、7~800円は取られるだろう。

続いて、Y区を歩いてみる。台北駅に近いエリアには飲食店がまったくなく、桃園MRT機場線の通路と接続しているエリアまで来て、「もうここはダメかな」と諦めかけた頃に、飲食店の連なるゾーンが現れた。牛肉麺をメインとする店だけでなく、和食やパスタ（義大利麺《イタリミエン》）と中華を融合させたような、多国籍な飲食店も多い。英語や日本語が併記されている店もあり、観光客の利用が多いのだろうと推測できる。とある店の「酸辣豬排甕拉麵」の日本語表記が「からずっぱいぶたにくラーメン」となっていたのが妙におかしかった。言わんとするところはなんとなく分かるが、日本人はあまり「からずっぱい」という表現を使わない。また、和食テイストを取り入れたのだろうが、「鱈魚麵」（日本語表記は「たらめん」）など日本ではまったく見たことがない不思議な料理になっているものもあった。

これらも気になるところではあるが、私の目的は牛肉麺。店頭に〝牛肉麵的源由〟の掲示を出していた「鼎記牛肉麵」に入ってみることにした。店頭の掲示では牛肉麺の由緒についていろいろ書いてあるのだが、いかんせん台湾語のみなのでまるっきり読めない。

ここでは、トマト入りの蕃茄牛肉麺と並んで多くの店舗で提供されているカレー味の「咖哩牛肉燴麵」を注文してみた。価格は、109元（403円）。あまり見慣れない「燴」の字が入っているところに少々の不安を覚えたが、どんなものが出てくるかわからない不安感も、旅を盛り上げる要素のひとつだ。

登場したのは、なんとも不思議なカレーラーメンだった。まず、麺の上に千切りキャベツがのっている。その上からカレールーをかけているのだが、これに片栗でつけたようなとろみがある。カレーの具材として、牛肉、ニンジン、タマネギ。そして仕上げに、刻んだパクチーを散らす。帰国後に調べたところ、「燴」はあんかけの意味合いだと分かった。なるほど、カレーに片栗でとろみをつけているから〝燴麺〟なのだ。すなわち、咖哩牛肉燴麺の和訳は、「カレー牛肉あんかけ麺」ということになる。これはほかの飲食店でも応用が利く。たとえば〝燴飯〟なら日本の中華丼や天津飯のようなあんかけスタイルのご飯ものということになる。日本ではまったく馴染みのない字だが、覚えておくと有用だ。

麺は、注文時に8種類のなかから選択するシステム。まったく予期していなかっただけにちょっとうろたえてしまい、よく見ないまま、以前に香港で食べたことがある「油麺」を選択。おそらく老董牛肉麵や牛大娘の麺に近いものだろうと思っていたのだが、出てきたのはソフト麺のようなやわらかい麺だった。香港で食べた油麺よりも細く、ツルツルした食感。

カレーは、スパイシーではあるが、それほど辛くはなかった。中辛の、家庭的な味わい。日本人の舌にも合うだろう。ブロックタイプの牛肉は、老董牛肉麵と同様に腿肉のような肉質だから、カレーにもよく合う。ニンジンやタマネギも、日本のカレーでは定番の具材だ。ただし、仕上げに散らしたパクチーが特有の香りを放つので、料理全体としては日本のカレーとだいぶ異なる味わいになる。パクチーは多くの台湾料理に入っているので、苦手な人は注文する前に入っているかどうかを確認するといいだろう。

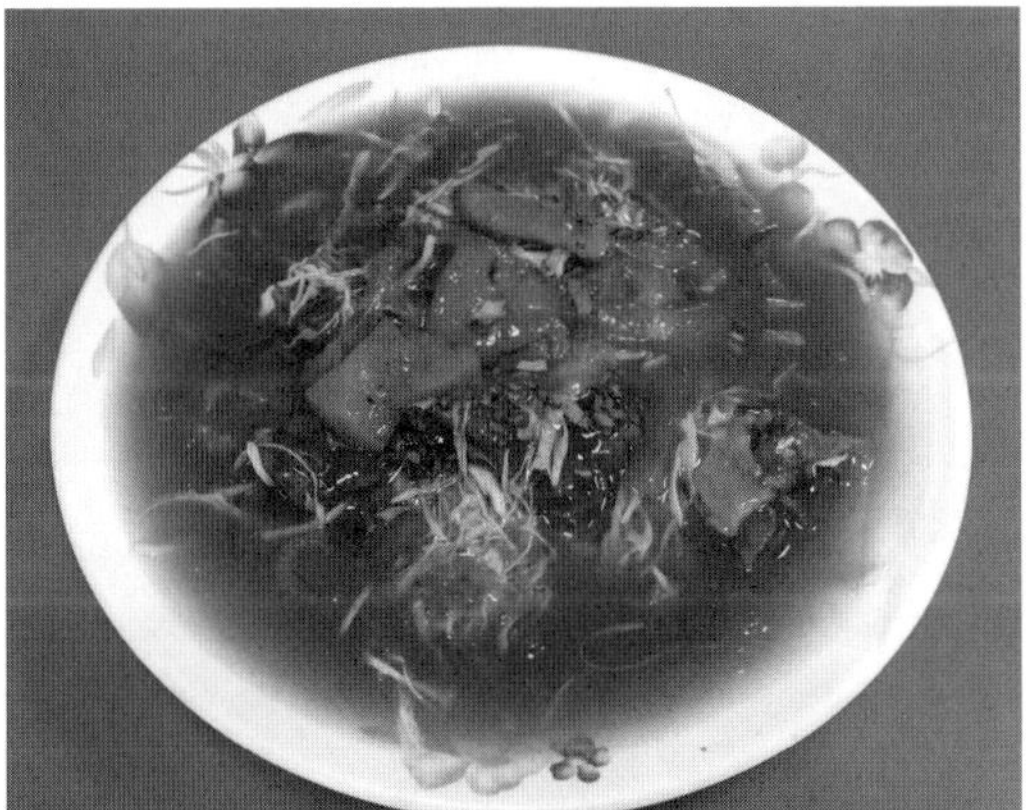

丼ではなく、平皿で提供される。レンゲでスープを飲みにくいのが難点

なお、鼎記牛肉麵では、食事を注文した客全員にドリンク（烏龍茶またはレモンティー）と高菜のサービスが付く。セルフ形式なので、好みに応じて気兼ねなく利用できるのがありがたい。台湾では、基本的に水道水が飲めない。そのため、飲食店ではソフトドリンクどころか水すら提供されないことがよくある。あるいは、有料提供。鉄道駅構内や大型商業施設などには無料の飲水所があるので、常にペットボトルを持ち歩いて、飲水所を見つけるたびに満タンにしておき、飲食店にも持ち込むのがオススメ。食事ごとにドリンクを注文していたら、結構な出費になってしまう。実際、台湾の人々も、多くは常に水筒を持ち歩いている。

水の話が出たところで余談を挟むが、台湾では緑茶や烏龍茶にも砂糖が入っていて甘いことが多い。コンビニエンスストアや自動販売機でドリンクを買う場合には、注意が必要だ。砂糖が入っていないお茶を飲みたい場合には、〝日式〟と記載のあるものを選ぶとよい。

東海岸に思いを馳せる、花蓮扁食麵

牛肉麵ではないが、もう1軒、地下街からピックアップしたい店がある。Z区とR区にそれぞれ店舗がある、「花蓮扁食」の扁食麵だ。私は２０１７年にZ区の店舗で、そして今回はR区の店舗で、それぞれワンタン麵をいただいた。「扁食《ピエンスー》」が、ワンタンの意味。日本では、ワンタンを漢字で「雲呑」と書くことがあるが、中国では地域によって表記にばらつきがある。広東や広西地方では「雲呑」、北京などでは「餛飩」または「渾沌」、そして福建省などでは「扁食」となる。台湾では「扁食」が多く用いられている印象だったが、たまに「餛飩」表記も見かける。餛飩は、「饂飩（うどん）」と字が似ているので、日本人はよく間違えるのではないだろうか。

台湾の東海岸にある花蓮《ファリエン》は、ワンタンが名物の街。今回の旅で花蓮にも立ち寄っているのだが、残念ながら花蓮駅ではワンタン麵に出合えなかったので、代わりに台北駅の花蓮ワンタン麵を紹介したい。

Z区の店舗もR区の店舗も、間仕切り開放型で厨房オープン。厨房脇にレジがあり、メニュー一覧を見て注文する。日本では、このシステムだとまず間違いなく先払いになる。しかし、ほかの客を見ていると、後払いにしている人が多い。こういうちょっとしたところが、不慣れな外国人観光客にとっては迷いのタネになるものだ。

その点、食券制という日本固有のシステムは画期的だと思う。台湾を含め、海外には食券制の飲食店がほとんどない。日本の真似をする国や飲食店があってもよさそうに思えるのだけれど、セキュリティ面や初期投資、ランニングコストなどにデメリットを感じているのだろうか。

花蓮扁食は、全体的に値段が安く、屋台に匹敵する価格帯で食事ができる。いちばん安い宜蘭乾麵（まぜそばスタイルの麵料理）なら、40元（148円）で食べられる。扁食麵は、70元（259円）から。2017年に鮮肉扁食麵（80元）を食べているので、今回は90元（333円）の鮮蝦扁食麵を試してみることにした。字を見れば、内容はだいたい想像がつくだろう。鮮肉扁食麵は、肉ワンタン麵。鮮蝦扁食麵は、エビワンタン麵だ。

ワンタンは、かなり薄い生地に具材を無理やりたくさん詰め込んだ、ボリューミーなものだった。ひと口で食べるには、大きすぎるくらい。アツアツだから、口の中をやけどしてしまいそうだ。それが、5個も入っている。剝きエビも結構大きく、口の中でプリプリと弾ける食感。これで90元は、かなりお買い得な設定だと思う。2017年に食べた鮮肉扁食麵にのっていたのも、豚ひき肉をたっぷり使った、大ぶりなワンタンだった。

麵は、あまり甘みのない細麵。そしてスープは、まったくと言っていいくらい塩気がなく、ほとんど出汁だけ。「これではいくらなんでも味が薄すぎ

鮮蝦扁食麵。飾らない盛りつけが、いかにも大衆食

る」と思っていたら、ほかの客は厨房脇の調味料コーナーで醤油などを加えていた。なるほど、客が自分で好みの味に調えるシステムなのか。私も、醤油と豆板醤のように見える辛みダレを加えてみた。しかし、いかんせん台湾の醤油は塩気が足りない。辛みダレの方が勝って、味は全然濃くならなかった。好みの調合比率を見つけ出すまでに、何回か通う必要がありそうだ。

ワンタン以外のトッピングは、ひと口大に切ったチンゲン菜のような青菜のみ。薬味感覚の青ネギや、パクチーものせない。全体的にあっさりしていて、どちらかというと女性ファンが多そうな味覚だ。

Z区の店舗とR区の店舗は、基本的にメニューも値段も同じ。両店で食べてみて唯一感じた違いは、丼の形状だった。Z区の店舗ではすり鉢型、R区の店舗では深鉢型。寄りやすい店舗で食べればいいと思うが、丼の形に好みがある場合には使い分けるのも手だ。

階上にもある駅麺天国

そもそも私が本書の企画のインスピレーションを得たのは、2017年にプライベートで台湾を訪れた際に、台北駅構内で「湯布院本川製麺所」という日本そば店を見つけたときだった。私が日本国内で食べ歩いている「駅そば」に近いスタイルの、簡易的なそば店。「海外にもこういう店があるのか！」と感激し、嬉しさのあまり牛肉蕎麦にエビ天をトッピングして食べた。値段は高く、170元+45元だった。

本書でも当然この店を紹介しようと思っていたのだが、今回行ってみたら「鶏

椅子はあるが、立ち食いの雰囲気を醸す店だった（2017年10月撮影）

エビ天が直線的で、エビフライのように見える（2017年10月撮影）

笑」という鶏唐揚げの専門店に変わっていた。海外ではそば食の文化が根付いている国や地域が少ないうえ、食材の現地調達も難しいため、どうしても高価なものになってしまう。日本国内のように、サッと手軽に食べられる「駅そば」または「立ち食いそば」のスタイルでは運営が難しいのだ。関東を中心に100店舗以上を展開する立ち食いそばチェーンの「富士そば」でさえ、いったんは台湾に進出したもののその後撤退している。

　しかし、台湾も麺食文化は盛んな地域。日本そばではなくても、安価で手軽に食べられる麺類はたくさんある。それらを求めて、向かったのは駅舎の2階。一大グルメゾーンとなっている2階には屋台料理に特化したフードコート「台湾夜市」があり、台湾観光の目玉のひとつでもある観光夜市気分を楽しめるのだ。台北駅の2階は全面的に写真撮影が禁止されているため、ここではイラストを交えて紹介していくことにする。

　フードコートには、6軒の飲食店がL字型に連なっている。西側から、台南担仔麺《タンツミエン》の「洪十一 台南擔仔麵」、排骨飯《パイコーファン》の「萬年」、牛肉麺の「旭麵麵」、蚵仔煎《オアチェン》の「一鼎」、麻辣燙の「麻佬大」、そして米苔目《ミータイム》やビーフンなどを扱う「米家庄」。ひととおり回ってみて、いずれも「路上の屋台にくらべると値段が高いなぁ」と感じる。しかし、駅から出ることなく気軽に寄れる立地で、雨天でも利用できるので、重宝すること間違いなし。

　ここではまず、屋台の定番料理である麺線を食べたい。そう思って6軒のメニューを眺めるのだが、意外なことに麺線の扱いがあるのは洪十一 台南擔仔麵のみ。それも、台南風の「麻油麵線」だ。台北の屋台でよく目にする、とろみのある豚スープの麺線ではない。麺線は単価が安いから、出店料が高いであろう駅構内の飲食店には向かないのだろうか。客単価が30～40元では、台北駅構内でやっていけないのかもしれない。

ひとりでの訪問だと、受け渡しの際の荷物管理がしづらいので、席確保がやや大変（イラスト：蔦垣幸代）

仕方なく麻油麺線を注文するのだが、屋台要素を少しでも多く盛り込みたいと思い、麻油蚵仔麺線にした。120元（444円）と、ちょっと麺線とは思えない高価なメニューだ。注文時に、台湾語で「辛いけど大丈夫か？」というようなことを聞かれた。私は、辛すぎる料理があまり得意ではない。ピリ辛は好きだけれど、我慢大会のようなレベルになるとからっきしダメ。以前に香港で注文した麻辣麺は、完食すらできなかった。でも、台湾夜市フードコートには麺線がこれだけしかないのだから、仕方ない。

注文時に支払いを済ませ、バイブレーターを持って自席で待機。バイブレーターが作動したら店頭まで受け取りに行く。日本のフードコートではお馴染みのシステムだが、海外では珍しい。そもそもセルフサービスの飲食店自体が、海外には少ない。フードコートでも、バイブレーターを使って呼び出すのではなく、注文したその場で待たされるケースが多い。そして、食後は自席に食器を残したまま退店。フードコート内に食器片付け専門のスタッフが常駐して、空いた食器を片づけて回る仕組みだ。

その点、台湾には街なかにも「自助餐《ツチュツァン》」と呼ばれるセルフサービス形式の飲食店が多数ある。セルフサービスに対する理解があるから、フードコートでも

参考までに、宜蘭駅近くの東門夜市で食べた大腸麺線。屋台の麺線は、このビジュアルが基本

バイブレーターや番号札を使っての受け渡しスタイルが採用されているのだろう。

　出来あがった麻油蚵仔麺線は、私の想像とはだいぶ異なるものだった。麺は、和食に例えるとそうめんに近い。白っぽくて細い麺だ。細いからのびやすく、溶けやすい。屋台で提供されている麺線は、たいていスープのなかで麺をじっくり煮てあるため、短く切れ、溶けかけていて麺料理なのかスープ料理なのか分からない状態になっている。スープ自体も、糊のように粘性が強い。しかし、今回食べた麺線はスープがサラサラしていて、麺もしっかり歯ごたえを残していた。

　スープは、麻油（生姜やニンニクなどを揚げたゴマ油）を使っている。カリカリに揚げた生姜そのものもトッピングされている。ゴマ油の香ばしさよりも、生姜の香りや辛さの方が前面に出ていた。生姜を丸かじりにしているかのような辛みを伴う。なるほど、店員がわざわざ「大丈夫か？」と聞いてきたのは、この辛さのことなのだろう。唐辛子や山椒のような、度が過ぎると耐えられない種類の辛さではない。ただ、スープ全体が生姜の香りと辛みに支配されてしまっているような印象だった。

　そしてトッピングは、生のカキとキャベツ。ただでさえ個性が強いスープなのに、トッピングもまたずいぶんと個性的な顔ぶれだこと！ メニュー名に入っている「蚵仔」とは、カキのこと。カキ入りのオムレツのような「蚵仔煎」は、屋台名物のひとつだ。

　台湾のカキは、どこで食べてもだいたい小さい。身の大きさは、3センチくらいだ。完全にひと口サイズ。大きなカキを好む人が多い日本と違い、台湾人は小さなカキを好むのだという。その代わり、トッピングする数は多い。濁りのあるスープのなかから、出るわ出るわ。途中まで数えていたのだが、10を超えたところで面倒になってやめた。麻油の強い刺激でカキ自体の香りや旨みが分かりにくくなっていたのは残念だが、反面、カキの生臭さが丼の

カキを使った麺料理は、台湾ではポピュラー。焼きそばに使うことも多い（イラスト：蔦垣幸代）

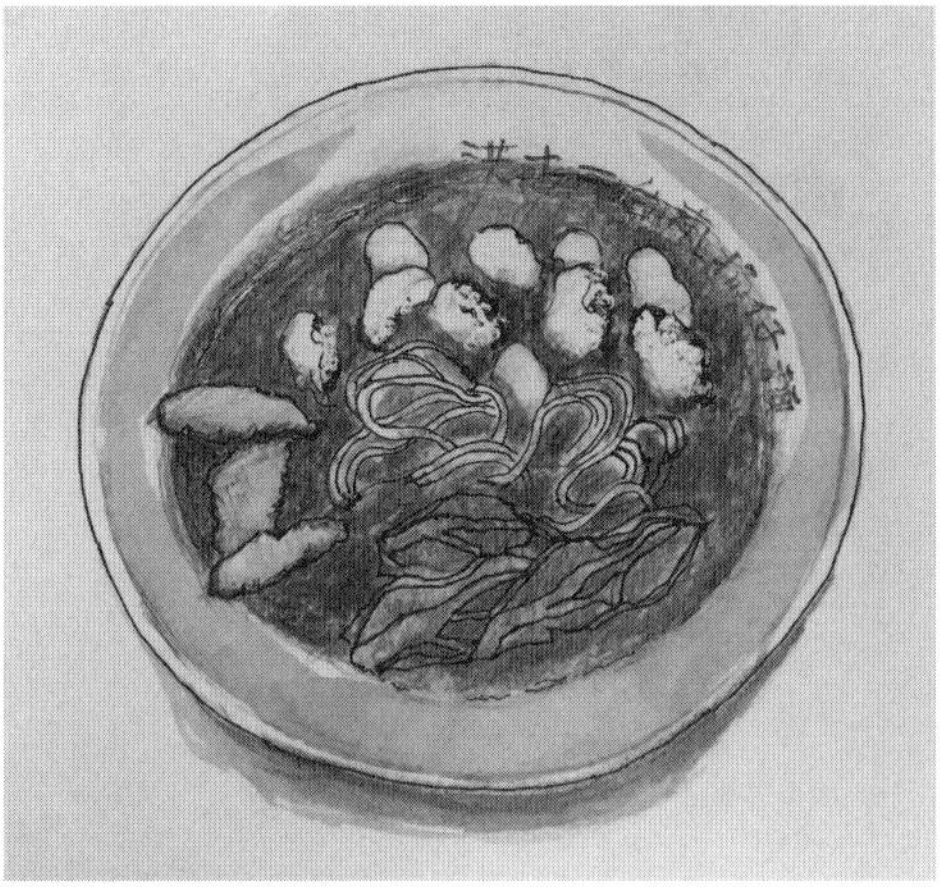

なかで不協和音を奏でることもなかった。そして、プリッとした食感は楽しめた。生姜をもう少し弱めて、代わりに塩気を足せば、私の好みに近い味になりそうだなと感じた。

もうひとつ、屋台だけでなく大衆的な食堂でもメニューに入っていることが多い「米苔目」を紹介したい。L字型に並んだ店舗の、一番奥。洪十一台南擔仔麵とは反対側の端っこにある「米家庄」で扱う。価格は、70元（259円）。安いように思えるかもしれないが、実は街なかの大衆食堂などでは40～50元程度で提供されているもの。割高なのは、麵線と同じだ。スープスタイルの湯麵とまぜそばスタイルの乾麵から選べる。私は、湯麵を選択。

米家庄は、バイブレーターを使わず、注文して支払いを終えたら、出来あがるまで店頭で待つスタイルをとっている。調理にそれほど時間はかからないので、さほど待ち時間をネックに感じることはなかった。

米苔目という料理は、日本ではあまり馴染みがない。私も、携行したガイドブックを読んで初めて、米苔目が台湾でよく食されている料理だと知った。米家庄では、「客家米苔目」というメニュー名で提供している。客家（台湾語では「コジャ」と読むが、客家語の「ハッカ」の方が一般的）とは、中近世に戦乱を逃れて華北地域から移住した漢民族の一派を指す。台湾に移住した客家も多い。彼らは独自の風習や言語を用いていることから、台湾の鉄道各線では中国語・台湾語に続いて、客家語の車内アナウンスが入る。その後で英語のアナウンスが入り、観光名所の最寄り駅などでは日本語のアナウンスが入ることもある。つまり、最大で5種類のアナウンスが流れるのだ。駅間が長い台鉄ならまだしも、2～3分で次の駅に着いてしまうMRTでは、アナウンスも大忙しだ。ほぼ間隔を置くことなく「次は○○駅です」「まもなく○○駅に着きます」のアナウンスが流れている。多言語国家は、いろいろな意味で大変だ。日本に例えれば、標準語、関西弁、博多弁、英語、中国語のアナウンスを続けて流しているようなものなのだから。

少々話が脱線したが、このメニュー名から、米苔目は客家料理だということが分かる。その名のとおり米を使っている。炊いてすりつぶして塊状にし、穴の開いた容器からところてんのように押し出すことで麵状に成形する。だから、見た目

あっさり味だが、旨みと香りが立っている。西日本のうどんに近い感覚で、充分な満足感を得られる（イラスト：蔦垣幸代）

にはうどんに近いのだが、食べてみると食感が全然違う。包丁で切っていないのでエッジがなく、丸くツルツルしているのだ。台湾の飲食店で多く用いられる鉄箸だと、滑って掴みにくい。そして、固いわけではないのだけれど弾力が強く、なかなか噛み切れない。噛んでも噛んでも、暖簾に腕押しのごとく手ごたえがないのだ。味覚的には、小麦粉の麺ほど甘みがなく、とてもあっさりしている印象だ。

スープは、薄い塩味。塩気よりも、トッピングされている干しエビの香りで食べるイメージだ。干しエビ以外のトッピングは、モヤシ、レタスのような葉もの野菜、そして味付けをしていない豚肉。豚肉で旨みを演出することで、全体の味覚に厚みを生んでいる。だから、薄味ながらもなかなか美味しくいただけた。また、姿こそ見えないものの、ほんのりとパクチーの香りが漂ってくる。個人的にパクチーが強すぎる料理はあまり得意ではないのだけれど、ここではよいアクセントになっているように感じた。

昼どきに限らず、アイドルタイムでもたいてい混雑している台湾夜市フードコート。席の確保に苦労することもあるだろうが、その混雑ぶりも屋台街の熱気の演出効果を高めている。寄っておいて損はないだろう。

台湾みちくさ写真館

森の動物たちがラッピングされた列車に、フクロウさんが一緒に乗車。空いているときなら、格好の撮影スポット。さまざまな動物のなかから、お気に入りを見つけよう（彰化県・田中駅付近にて撮影）

集集線のラッピング列車は、一面バナナ。座席には新聞が放置されている……と思いきや、これはトリックアート。遊び心たっぷりで、旅の情感を盛り上げてくれる（南投県・集集駅にて撮影）

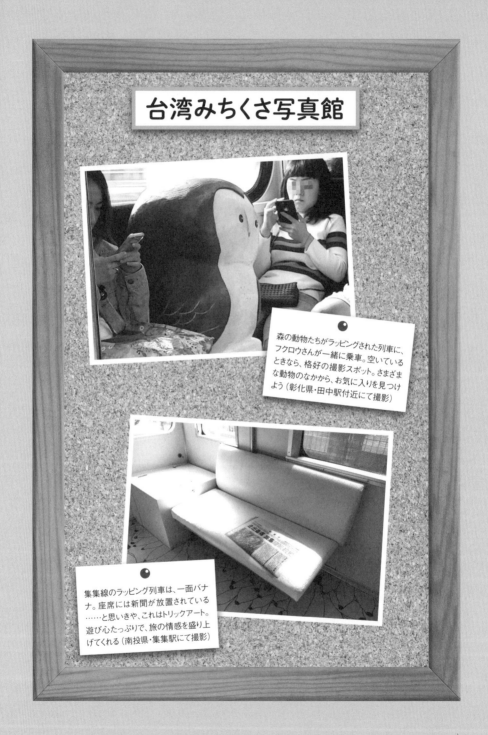

第2章 西部幹線を南へ！

台鉄を乗りこなそう！

台北駅の探訪がひととおり終わり、いよいよここから台湾一周に踏み出す。鉄道で台湾を一周するためには、台鉄を乗りこなす必要がある。慣れてしまえば日本のＪＲと同じ感覚で利用できるのだが、慣れないと戸惑う部分もあるので、最初に台鉄の基本的な乗り方についてまとめておこう。

まず、台鉄の路線について。台鉄は台湾をぐるっと一周しているが、途中で二手に分かれている部分や枝線もある。また、エリアごとに細かく路線名が分かれている。簡単に書いてしまうと、台湾最北端に近い基隆《キーロン》駅から始まって、台北、台中、高雄《カオシウン》を経て枋寮《ファンリャオ》に至るルートを西部幹線という。東海岸の台東から北上して八堵《バードゥ》で西部幹線と合流するまでは東部幹線。枋寮～台東の非電化区間は、西部幹線にも東部幹線にも含まれない。

この周回路線を時計回りに走る列車を「順行」という（地域によっては、上行、北行と呼ばれることもある）。反時計回りに走る列車を「逆行」という（地域によっては、下行、南行と呼ばれることもある）。ここまでは基本中の基本なので、頭に叩き込んでおきたい。順行と逆行を乗り間違えると、いつまでも目的地にたどり着けなくなってしまう。

その上で、区間ごとに縦貫線北段（基隆～台北～竹南《チュナン》）、海線（竹南～大甲《タジャ》～彰化《チャンファ》）、山線（竹南～台中～彰化）、縦貫線南段（彰化～高雄）、屏東《ピントン》線（高雄～潮州《チャオジョウ》～枋寮）、南廻線（枋寮～台東）、台東線（台東～花蓮）、北廻線（花蓮～蘇澳新《スーアオシン》）、宜蘭《イーラン》線（蘇澳～蘇澳新～八堵）に分かれている。ここまでを全部覚える必要はないが、竹南から彰化までの間は西部幹線が海線と山線に分かれているということだけは頭の隅に留めておいた方がいい。特に台中市の中心部へ行きたい場合には、山線の列車に乗る必要があるので、注意が必要だ。

そのほかに、内湾線（新竹《シンチュ》～竹中《チュジョン》～内湾《ネイワン》）、六家線（竹中～六家《リウジャ》）、集集《ジジ》線（二水《アルシュイ》～車埕《チャチェン》）、沙崙線（中洲《ジョンジョウ》～沙崙《シャールン》）、平《ピン》渓《シー》線（三貂嶺《サンティアオリン》～菁桐《チントン》）、深澳線（瑞芳～八斗子）の枝線がある。これらの枝線は、台湾一周が目的なら必ずしも乗る必要はない。しかし、幹線にはない情緒に富んでいるので、時間に余裕があるのならぜひ乗ってみたい。

次に、列車の種別について把握しておこう。台鉄には全部で8つの列車種別があり、種別ごとに運賃などが異なる。

普悠瑪《プユマ》号と太魯閣《タロコ》号は、ＪＲの在来線特急に相当する。どちらも快適性と速達性を兼ね備えた振り子式電車で、日本の日立製作所製。西部幹線・東部幹線の両方に運用されている。振り子式電車だから「走行中の揺れが大きく、酔いやすい」と聞いていたのだが、実際に乗ってみた印象は快適そのものだった。

普悠瑪号と太魯閣号の違いは、単純に車両が異なるだけ。太魯閣号は２００７年から運用されているＴＥＭＵ１０００型電車、普悠瑪号は２０１３年から運用されている最新鋭のＴＥＭＵ２０００型電車だ。最大の注意点は、どちらもＩＣカードでの乗車ができないということ。車内検札などでＩＣカードでの乗車が発覚すると、高額の罰金が科せられる。

自強《ツチャン》号も、ＪＲに例えると特急に相当するが、運用開始が１９７８年と古く、さまざまな形式の列車が運用されている。一部非電化区間を走ることもあり、電車だけでなく気動車もある。基本的に全席指定だが無座（座席指定なし）での乗車も可能で、ＩＣカードのみでも乗車できる。ただしこの場合、座った席に指定席客が乗車してきた場合、席を譲らなければならない。特に西部幹線では混雑していることが多く、無座乗車だと立ちっぱなしになる場合も少なくない。

莒光《チュカン》号は、ＪＲの急行に相当する列車。運用開始は自強号よりもさらに古く、１９７０年。その後、時代の変遷とともにさまざまな車両が投入されている。客車牽引式の莒光号が現在も多く残っており、鉄道ファンの人気が高い。自強号と同様に、ＩＣカードでの無座乗車が可能。

復興《フーシン》号は、ＪＲの列車種別に当てはめることが難しい。座席指定の速達タイプなので急行の一部に相当するとも言えるが、鈍行と同じ運賃体系なので快速に相当するとも言える。私が抱くイメージは、乗車整理券が必要なライナー。１９８０

ドアが車両の外側にスライドする構造のDR3000型は、潮州〜枋寮間などで運用（枋寮駅にて撮影）

年に莒興号の名で運用が始まり、翌１９８１年に復興号と改められた。当時は空調設備を導入していることが大きな特徴だったが、その後鈍行列車にも空調が整備されるにつれて運転本数が減少し、２０１９年11月現在、定期運行しているのは東部幹線の団体列車のみ。臨時列車として運行することもあるが、個人旅行の場合にはもっとも乗車難度が高い列車種別だ。私も、今回の旅のなかでは復興号に乗ることができなかった。なお、ここまでに紹介した指定席列車は、「対号列車」と総称される。

流線型のフォルムが美しいEMU800型電車（苗栗駅にて撮影）

　区間快車／区間車は、ＪＲの快速／各駅停車に相当する。大都市周辺の短い区間を走る便と、台湾をほぼ縦断するような長距離を走る便がある。前者には、ベンチシートのＥＭＵ５００型電車や同６００型電車（どちらも韓国大宇重工社製）が、後者には２０１６年にデビューした真新しいＥＭＵ８００型電車（台湾車輌製と日本車輌製がある）が運用されることが多い。また、枝線や非電化区間では、日本車輌製造製のＤＲ１０００型気動車などが運用されている。いずれも空調設備を有し、乗り心地は思いのほか悪くなかった。ただ、ＥＭＵ８００型は、一部の2人掛けシートが直角に配置されるなど、日本ではあまり馴染みのない座席レイアウトになっているので、若干戸惑いを感じるシーンもあるかもしれない。また、一部の列車は、各種ラッピングが施されている。これらは、観光客はもとより地域住民の間でも人気を集めている。

対号・非対号区別	列車種別	1kmあたり運賃	座席指定・自由の区別	ICカード乗車
対号列車	普悠馬号	2.27元	全席指定（無座乗車不可）	不可
	太魯閣号			
	自強号		全席指定（無座乗車可）	可
	莒光号	1.75元		
	復興号	1.46元		
非対号列車	区間快車／区間車		全席自由	
	普快車	1.06元		

台鉄列車種別早見表

普快車は、南廻線の枋寮～台東間を１日１往復のみ走っている。空調設備がないぶん、運賃が安く設定されている。乗客の大半は、これに乗るために枋寮や台東を訪れる観光客。そのため、最下等の列車種別でありながら、連日満席という人気ぶりだ。

改札は、自動改札が主流だが、地方の中小規模の駅では有人改札の場合もある。また、台鉄の全駅にＩＣカードリーダーが設置されている。ＩＣカードで乗車した場合、区間快車／区間車については乗車距離に関わらず１割引きになる。対号列車については、乗車距離が70㎞未満であれば区間車運賃が適用され、しかも１割引き。70㎞以上乗車した場合には、70㎞を超過した分についてのみ対号列車の運賃が加算される。つまり、どの列車に乗るにしても、切符を買うよりＩＣカードで乗車した方が割安になるということだ。各種別の１㎞あたり運賃については、前ページに掲載した早見表を参照されたい。

たとえば、自強号で１００㎞乗車した場合、切符だと「２・27×１００」で２２７元（８４０円）になるのに対し、ＩＣカードだと「１・46×70×０・９＋２・27×30」で、１６１元（５９６円。１元以下の端数は切り上げ）で乗車できるのだ。こまめに下車しながら台湾を一周すれば、かなりの差額になる。

頭を悩ませるのは、フリーパスタイプの切符「ＴＲ ＰＡＳＳ」を使うかどうかだ。対号列車を含むすべての列車種別に乗車できる（普悠馬号および太魯閣号は、乗車前に窓口での座席指定が必要）、優位性の高い切符だ。暦日制で、３日券・５日券・７日券がある（ほかに学生限定版や４人同行券などもあるが、ここでは割愛）。とても便利な切符ではあるのだが、３日券で１８００元（６６６０円）、

ラッピング列車の一例（嘉義駅にて撮影）

5日券は2500元（9250円）という価格設定が微妙なのだ。台鉄ホームページ上で、莒光号で台湾をぐるっと一周した場合の正規運賃を検索したところ、1533元（5672円）と出た。つまり、台湾を一周するだけでは3日券でも元が取れないのだ。一周したうえで枝線をこまめに乗り潰せば、元が取れる。ただ、3日間でこの旅程をこなすのはかなり忙しい。そのため、TRPASSは旅行者の間でもあまり使われていないのが実情だ。

私は、たまたま季節限定のキャンペーンで3日券が1200元に値下げされていたこともあり、12月の再取材で利用してみた。通用期間は、窓口購入後1カ月間（ただし、春節前後などには使えないため、1カ月より短くなる場合がある）。有効期間内に、任意の3日間で使える。連続である必要はない。

最大の問題点は、利用者がたいへん少ない切符であるだけに、台鉄の職員ですらTR PASSのルールを知らない場合があるということだ。利用日の初回乗車時には、青春18きっぷのように券面に日付印を押してもらう必要があるのだが、この日付印をもらうのがひと苦労。日本語はもちろん英語も通じない場合が多い駅員に、券面を示して「プリーズ スタンプ ヒア」と言っても、有効期間の印字だけを見て「OK」と通そうとする駅員が非常に多い。日付印がない状態で乗車すると、下車する際にとがめられることになりかねない。しつこく食い下がって日付印を押してもらうことを忘れずに。

下の写真を見ると、3日券なのに日付印が4つ押されていることが分かるだろう。12月14日の日付印が、ふたつある。これは、潮州駅の駅員が、14日の初回乗車ではなかった（初回乗車は真ん中に押印されている彰化駅）にもかかわらず、誤って不要な日付印を押したために起こった珍事だ。このような煩しさを解消するためにも、早くICカードのフリーパスタイプ乗車券が発売されることを願うばかりだ。

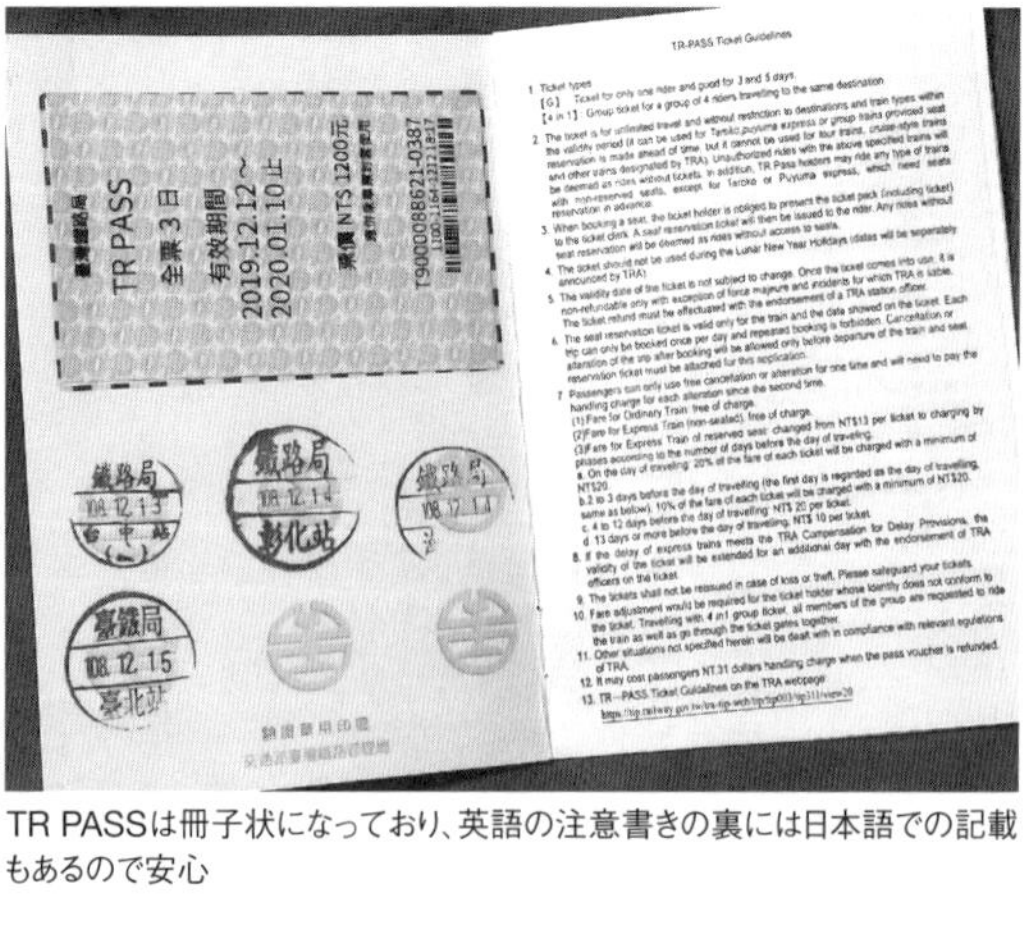

TR PASSは冊子状になっており、英語の注意書きの裏には日本語での記載もあるので安心

想像以上に賑やかな駅で ～板橋駅～

台北駅から、逆行の区間車で出発。事前に満足なリサーチができていないため、主だった駅でつぶさに降りて駅なかを探索する〝虱《しらみ》潰し作戦〟だ。最初に停車するのは、萬華《ワンファ》駅。ここでも降りてみたのだが、大きな駅ビルを擁しているわりにめぼしい構内店舗はなかった。駅周辺も込み入った住宅地で、「台北からひと駅でこんなにもムードが変わってしまうものなのか」と驚く。

次の停車駅は、板橋《バンチャオ》。ここは、台鉄のほかに高鉄やＭＲＴも乗り入れているから、期待できそうだ。胸を高鳴らせて改札を抜けると、想像以上の発達ぶりだった。改札のひとつ上の地下1階通路に沿って、たくさんの店舗が連なっている。そのなかには、飲食店も弁当店もある。臺鐵便當の販売店もあり、ちょうど昼前の時間帯だったこともあって、長蛇の行列ができていた。その人数は、ゆうに30人を超えている。台北駅の1号店でも、こんなに長い行列は見たことがない。販売店が複数ある台北駅と違って、板橋駅で臺鐵便當を買えるのはここ1店舗だけだから、特にランチタイムには客が集中するのだろう。

ここの臺鐵便當はすでに食べてある台北製なので、私は行列に加わらず、さらに探索を進める。すると、臺鐵便當販売店の行列に埋もれるようにして、もう1軒弁当店があることに気づいた。間口上部には「車站限定」とプリントされた提灯が下がり、「鐵道便當」と大きく描かれたポスターが貼り出されている。おぉ、これは紛れもなく駅弁ではないか。しかも、臺鐵便當ほど混雑していない。ゆっくり品定めできそうだ。

臺鐵便當販売店に、恐ろしいほどの行列。右手前の弁当店は、行列なし

ここの弁当は、なかなかバリエーションに富んでいた。丸い紙容器の丼ものスタイルが多いが、ちらほらと幕の内スタイルの弁当もある。そして、種類が多い！現物を見て買うと、それが何弁当なのか分からなくなるほどの品揃えだ。

そこで、私は現物を見ず、〝鐵道〟の文字列が入っている「鐵道焼肉蝦捲雙拼」をお品書き上で指定して買ってみることにした。価格は、99元（366円）。12種類ある弁当のうち、10種類が99元均一。

私が購入した弁当は、「米樂」という餐廳（レストラン）が調製したものだった。ほかの弁当には別の餐廳名が記載されているので、どうやらこの販売店は自前で弁当を調製しているわけではなく、各餐廳から弁当を仕入れて販売する店のようだ。日本に例えると、東京駅の「駅弁屋 祭」に近いコンセプトか。

早速いただこう。透明なプラスチックの蓋に手をかけると、ポン！と勢いよく開いた。そのくらいに、惣菜がぎっしり詰まっている。臺鐵便當よりも、明らかにボリュームが多い。蓋を開けた時点で見えているのは、中央に骨付きではない豚肉とさつま揚げ、その周囲に青菜炒めとビーフン炒め。豚肉ははっきりと目に見える衣をつけて揚げてあり、食べやすくスライスされている。棒状のさつま揚げは、かなり大きい。青菜炒めとビーフン炒めは容器全体に敷き詰めてあるので、蓋を開けた時点では白飯がまったく見えない状態。これは気分が高まる。

容器に「鐵道弁当」のプリントが入っているのがうれしい

まずは豚肉をガブリ。脂身の少ない肉質なので、揚げてあっても比較的さっぱりしている。やわらかいけれど弾力があり、なんだかハムのような食感・風味。衣がついているから、ハムカツのイメージだ。

おそらくこのハムカツのような豚肉が〝焼肉〟なのだろうと想像できたのだが、問題は〝蝦捲〟だ。字面から、エビを使っていると推測できる。ところが、容器内のどこを見てもエビの姿がない。豚肉と並んでメイン格に鎮座しているのは、さつま揚げだ。まさか、これが〝蝦捲〟か？

首をひねりつつ、ひと口かじってみる。すると、中からプリプリのエビが現れたではないか！　なるほど、〝蝦捲〟だから、エビを〝巻いている〟わけだ。さつま揚げ自体の味は日本のものと大きく変わらないので、日本人の舌にも馴染みやすい惣菜。からし醤油とビールが欲しくなるなぁ。

臺鐵便當ほどには日本での知名度がない弁当だが、満足度は非常に高かった。青菜炒めの香りもよいし、新竹名物のビーフン炒めが入ることで台北から南下する旅が始まっているのだという実感も湧いてくる。幸先よい〝当たり弁当〟だった。

開放的な飲食店が多い台湾。これはもはや丸裸

気をよくしたところで、ぜひビーフンを使った駅麺も食べてみたい。そう思いつつ駅なかを歩いていたら、なんと都合よく「小南門傳統美食」という簡易的な飲食店を見つけた。この店は、台北駅の地下街（M区）にもあったことを覚えている。お品書きを見て「ビーフン炒めがあるな」と認識していたのだけれど、とてつもなく混雑していたため食べるのを諦めていた。その店と、まさか板橋駅で再会することになるとは。しかも、台北駅の店舗ほどには混雑していない。これはもう、「食べなさい」という天啓に違いない。

間仕切りどころか、厨房の壁も胸ほどの高さしかない店。なんだかイベントブースのような雰囲気で、これからここでマグロの解体ショーでも始まるのではないか、とさえ思える。露天風呂並みの開放感だ。

麺類としては、「特製乾麵」と「肉燥米粉」の扱いがあるが、どちらも単品メニューが見当たらない。そこで、肉燥米粉と「苦瓜排骨湯」、「燙青菜」のセットを注文。価格は、115元（426円）。レジで支払いを済ませ、席で待っていたら3分もしないうちに料理が提供された。駅麺らしい迅速提供だ。なお、厳密に言うと小麦粉を使っていないビーフンは麺類に入らないのだが、それを言い出すと十割そばも麺類ではなくなってしまうので、本書では麺類の定義を便宜上「穀類を麺状に伸ばしたもの」とする。

まずは、紙製の使い捨て容器に盛られた肉燥米粉から。見た目の第一印象は、「白髪？」だった。そのくらいに細く作られたビーフンだ。２０１７年に機場第一航廈駅で食べたものよりもだいぶ細い。そして、炒めていないので油をまとっておらず、ややモッサリする食感。ビーフンだけを食べるとなかなか喉を通らないので、トッピングされた肉そぼろをしっかり混ぜ合わせてから食べるのがポイントだ。その肉そぼろは、そのまま口に運ぶと結構塩辛い。台湾では珍しい、しっかりと塩気を感じるものだ。しかし、ビーフンと混ぜ合わせることで、むしろあっさりした旨みに変わる。少しニンニクの香りも介在する。また、肉そぼろとともにもやしもトッピングされている。ビーフンの食感があまり強くないので、モヤシのシャキシャキ感が際立っていた。

青菜炒めと苦瓜のスープは、どちらも味がかなり薄い。青菜炒めは青菜自体に香りがあるからこれはこれで美味しいのだが、スープはほとんどお湯を飲んでいるような印象だった。苦瓜にもあまり味がない。救いだったのは、底に骨付きの鶏肉が沈んでいたこと。旨みはほとんどスープに出てしまっているとみえ、鶏肉自体の旨みはさほどなかったけれど、全体的に味が薄いだけにとてもありがたく感じた。これだけ鶏の旨みを煮出してあるのに、どうしてスープがこんなにもあっさりになるのか、ちょっと不思議だ。奄美大島の郷土料理「鶏飯」のような、もっと濃厚な鶏出汁になりそうなものだけれど。鶏の種類なのか部位なのか、はたまた量なのか。いずれにしても、これが台湾スタイルなのだろう。

栄養バランスがよさそうなセット内容だ

日台牛丼雑考　～鶯歌駅～

板橋駅は、台北駅からわずか2駅。その距離は、10㎞にも満たない。にもかかわらず、すでに台北市を出て新北市《シンペイ》に入っていた。台北MRTの沿線を歩いても、ちょっと大きな川を越えるともう新北市になる。台北市は、想像していたよりもずっと狭かった。面積は、東京23区の半分にも満たない。

台湾で最も人口が多い都市は？　と聞かれたら、おそらく大半の人が「台北市」と答えるだろう。しかし、台北市の人口は約266万人（2019年5月現在。以下同）で、第4位。正解は、約400万人が住む新北市なのだ（2位は約281万人の台中市、3位は約277万人の高雄市）。台北市は海に面しておらず、四方を新北市に囲まれているため今後面積が拡大することはない。市街地もほぼ開発され尽くしているため、将来的な人口増加が望めない。人口密度では台北市が圧倒的な1位だが、人口自体は、開発の余地を大きく残している新北市などとの差が今後ますます開いていくだろう。

新北市は、古くからの市街地が残る街と、近年開発が進んでタワーマンションが隙間なく立ち並ぶ街とにはっきり分かれる。板橋駅から区間車で揺られること約20分、新北市の西端に位置する鶯歌区は、古くから陶窯業が盛んで、しっとりした情緒に包まれた街だ。「次の停車駅は、鶯歌《インコー》です」という車内アナウンスを聞いて、私は「ウグイスなのにインコとは、これいかに」と思い、なんとなく降りてみたくなった。こういった〝思いつき下車〟をしやすいのも、ICカード乗車の強みだ。

鶯歌駅前には、板橋駅とはうって変わって長閑な光景が広がっていた。駅周辺に高い建物は見当たらず、空が広く開けている。行き交う車やバイクも少ない。近年の飛躍的な人口増加とは一切無縁に感じる街並みだ。

駅舎自体もわりと小ぶりだが、改札外の通路に面してベーカリーや大判焼き店などが入居しており、賑わいを見せている。駅前の街よりも駅なかの方が賑やかなのではないか、とさえ思える。待合ベンチを挟んで、業者の異なるコンビニ

この牛丼は、日本に逆輸入しても流行りそうに思う

エンスストアが2軒対峙しているのも、台湾の駅なかではめったに見ない光景だ。そしてその店舗群のなかで、私は目ざとく「朋果屋弁当」を見つけたのだった。

イートインスペースがあり、買ってすぐに食べることもできる店。7種類の弁当から、台湾に来て以来ずっと気になっていた「牛肉壽喜飯」をチョイス。牛肉を使ったメニューは割高傾向にある台湾で、79元（292円）とリーズナブルな価格で提供している。

なぜこれが気になっていたかというと、台北の街なかで頻繁に牛丼店「吉野家」を見かけたからだ。日本式の牛丼は台湾でも人気が高いようで、どこで見かけても結構賑わっていた。ところが、吉野家以外の牛丼店はあまり見かけない（「すき家」「松屋」も台湾に進出しているが、店舗数が少ない）。いわば、吉野家の寡占市場になっているのだ。ちなみに吉野家の牛丼は、並盛で119元（440円）。朋果屋弁当とくらべると、かなり高い。日本国内の吉野家よりも割高な設定だ。

この状況に待ったをかけているのか、あるいは便乗しているのか、街なかには〝日式牛丼〟を掲げる台湾ローカルの飲食店が散見される。これらの店で、いったいどのような牛丼が提供されているのか。私の知的好奇心を揺さぶってやまなかった。

弁当は、すでに出来あがっているものが保温ケース内に陳列されていた。ところが、いざ注文すると、若い男性店員は弁当をケースからひとつ取り出し、「1分待って」と告げて一度奥に持って入ってしまう。おそらく、何らかの作りたての惣菜を足しているのだろう。その間に店頭の貼り紙類をチェックしていると、「10／8～18 買弁當送飲料 免費」の記

載があるのを見つけた。「10月8〜18日の間、弁当を買った人にドリンクを無料サービスします」という意味だ。しかし、私が訪れたのは10月19日。「あぁ、一日遅かったか」としょんぼりしているところに、店員が戻ってきた。その手には、弁当とは別に蓋付きのプラカップに入ったドリンク（決明子紅茶）が握られていた。たまたま在庫がたくさん残っていたからなのか、それとも外国人客だからなのかは分からないが、どうやらサービスしてくれるようだ。

駅裏口のベンチに腰を下ろし、弁当の蓋を開けると、のっけから「？」の連続だった。牛こま切れ肉とタマネギを合わせて煮たものを白飯にのせるところまでは日本と同じなのだが、その上に別のトッピングがたくさんのせられているのだ。まず、台湾の弁当には欠かせない煮玉子が半分。さつま揚げのようなものが2種類（エビは入っていなかったように思う）。キャベツに、冬瓜に似た瓜を茹でたもの。そしてよくよく見ると、牛肉とタマネギは別々に盛りつけられている。ということは、別々に煮ているのだろうか？

牛肉は、吉野家のものよりも大きく厚く、食べごたえがあった。甘辛い味付けはやや薄めだが、平均的な台湾料理よりは濃い。日本人の舌にも馴染みやすい味覚だ。もちろん、白飯との相性も文句なし。これは美味いなぁ！　肉質がやわらかい吉野家の牛丼も好きだけど、肉をしっかり噛みしめる醍醐味があるぶん、朋果屋弁当の方が私好みだ。惣菜がたくさんのっていて、味・食感の両方にアクセントが生まれるのも、好印象。栄養バランスもよさそうだ。これほどまでにボリューミーで、美味しく楽しいのに、値段が安い。至れり尽くせりではないか！　台湾土着の店がこれだけハイクオリティな牛丼を提供できているのに、なぜ吉野家が台湾で流行っているのか、不思議に思うくらいだ。ジャパニーズブランドの影響力が、そこまで強いのだろうか。それとも、牛丼の始祖という無二の武器が威力を発揮しているということなのか。

今後台湾を再訪する機会があったら、ローカル牛丼店巡りでもやってみようか。そう思わせるくらいに満足度が高い一杯だった。なお、朋果屋弁当では、各種口袋丼（ミニ丼）も販売している。牛肉口袋丼は、49元（181円）。小腹を満たしたいときに便利だ。

ホームのベンチで涼麺を　～桃園駅～

列車は、鶯歌駅を出るとほどなくして桃園市に入る。次の停車駅は、桃園駅《タオユエン》。こんなにも頻繁に途中下車していたら台湾一周にとてつもなく長い月日がかかってしまうなぁと思いながらも、主要駅は欠かさず探訪しておきたいので、ここでも下車。

目下人口第4位の台北市を脅かす存在になっているのが、桃園市だ。桃園国際空港の開港以来人口が急増し、高鉄やＭＲＴの整備も進んで、人口はすでに２２０万人を突破している。桃園ＭＲＴ機場線の中壢《ジョンリー》延伸を間近に控え、今後さらなる人口増加が見込まれる。近い将来には台北市を追い抜くことが確実だ。

桃園市の中心市街地に位置する桃園駅は、狭い敷地に無理やり大きな駅舎を建てたような、窮屈な印象だった。駅舎自体は大きいが、駅を出た先がとても狭い。２００万都市を代表する駅とは思えない閉塞感がある。

この駅舎は、２０１５年に竣工したもの。旧駅舎の跡地ではなく、隣接する形で建てられたため、ロータリーから少し奥まった立地になってしまったのだ。旧駅舎は解体されることなく残っているが、出入口はシャッターで閉ざされ、中に入ることはできない。無用の長物、いわば〝トマソン〟としてロータリーの正面に鎮座している。このような例は桃園駅だけなく、台中駅や高雄駅など台湾全土の主要駅で見られる。古い駅舎がたくさん残っていることで知られる台鉄も、近年では大量輸送に対応するべく駅舎の改築が進み、モダンだけれど味気ない建物にとって替わられるケースが多くなってきている。情緒を求める鉄道ファンとしては、やや残念に思うところだ。しかし、名駅舎を惜しげもなく解体してしまう日本とは異なり、移築すらせずにそのまま保存しているところは、鉄道ファンの理解を得やすい部分だろう。

桃園駅の臺鐵便當販売店は、かわいらしい車両型店舗

安価なわりに、見た目が意外と華やか。夏場に食べたくなる一杯

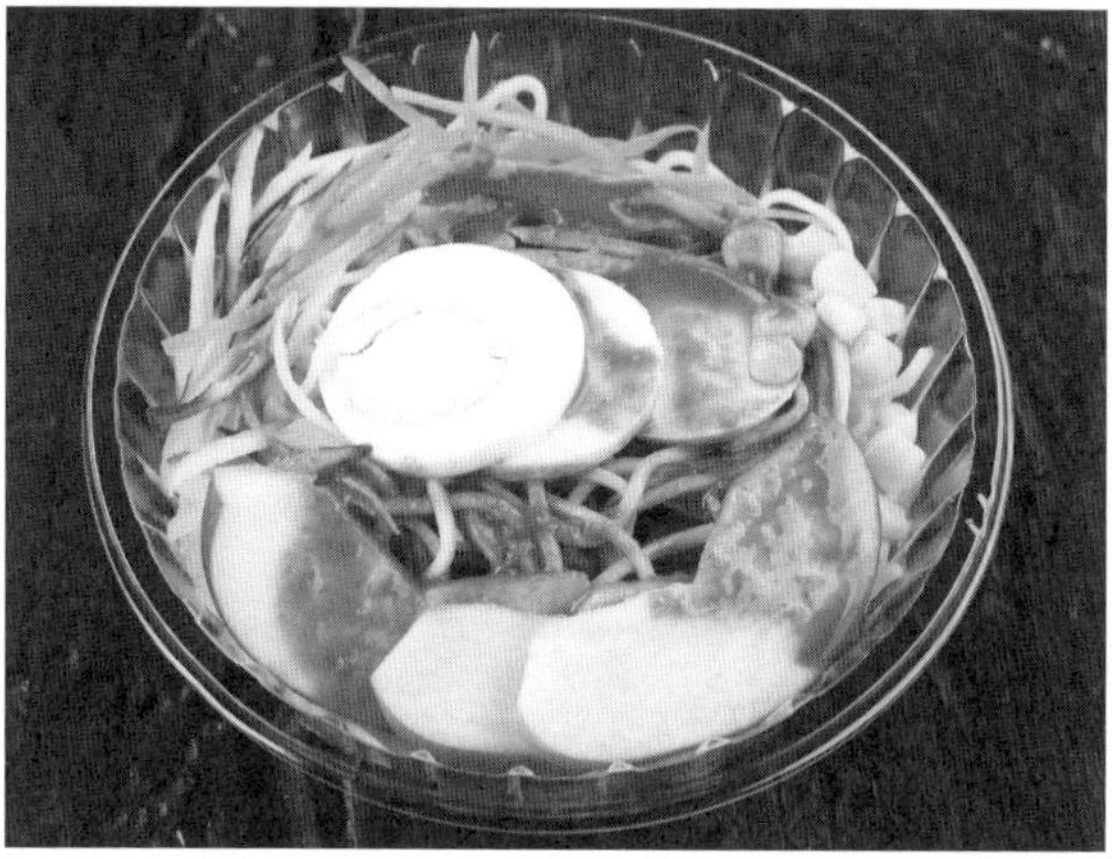

駅なかは、コンコースを広くとった新駅舎になったことで、充実一途だ。改札外だけでなく、台湾では珍しく改札内にも店舗が連なっている。だが、どういうわけかイートインスタイルの店舗がまったく見当たらない。鶏唐揚げ、パン、弁当などを販売する店舗はあっても、店内で食べることはできない造りなのだ。

では店の外、列車待合スペースで食べられるのかというと、これも難しい。広大なコンコースを擁しているにもかかわらず、待合ベンチがとても少ないのだ。ほぼ常時満席状態で、やっと空いたと思ったらすぐに埋まる。台北駅と同じように椅子取りゲームのような状態になっていた。この駅で何かを食べようと思ったら、ホームのベンチを利用するのがいちばんだ。

改札外の臺鐵便當販売店を覗いてみるも、ここはまだ台北製だった（傳統排骨便當と八角排骨便當のみの扱い）ので、パス。そこで向かったのは、改札内にある「火車頭」という店。「飯糰」という難しい字で綴る商品をメインに扱いつつ、各種飲み物や単品の惣菜なども販売している。飯糰はおにぎりのようなものだろうと思ったが、その隣に「蔬菜涼麵」の記載があったので、こちらを選択した。涼麵《リャンミエン》も、どこかで出合えたらいいなと思っていた料理だからだ。注文すると、冷蔵庫からプラスチック容器にあらかじめ盛りつけられた涼麵を取り出し、別途保管されていた個包装のスープと一緒に提供。店内での調理工程は一切ない。コンビニエンスストアで出来合いの冷やし中華を買うような手順にやや拍子抜けしつつ、50元（187円）を払う。

ホームも、階段付近は列車待ちの人々でごった返していた。区間車の先頭車両すらかからない先端近くまで進んで、空いていたベンチに腰かける。蓋を外し、別添のスープをかけて、よく混ぜてからいただく。このスープは、店

が独自に密封加工しているものなのだろうか。開封前からなんとなくベトベトしているうえ、ビニールの袋が小さすぎてパンパンに膨れている。しかも、切り口がなかなか開かない。指先に力を込めてようやく開封できたと思った瞬間に、スープが四方八方へ飛び散る。なんか、野暮ったいなぁ。これが日本なら、パンパンにならないようもう少し大きめの包装にして、切り口も「どこからでも開けられます」のマジックカットにするところだろう。ホームのベンチでは手を洗うこともできないので、ちょっと勝手の悪さを感じた。

中細の中華麺にトッピングされていたのは、煮玉子ではないプレーンな茹で玉子のスライス、千切りのキュウリとニンジン、コーン、そしてスライスされたリンゴ。フルーツがのっているという点では、冷やし中華より盛岡冷麺に近い印象だ。そしてスープは、黄土色で不透明な、ドロドロしたもの。一見して豚骨を連想したのだが、原材料名を見ると「蒜頭、醤油、麻醤、糖、香辛料」となっていた。蒜頭はニンニク、麻醤は芝麻醤だろうか。芝麻醤は練りゴマを使った調味料だから、豚骨は入っていないということになる。なるほど、メニュー名が「蔬菜涼麵」だから、具材にもスープにも動物性由来のものは使っていないというわけか（蔬菜＝野菜）。茹で玉子だけ例外だが。

ベジタリアン麺だから、味覚的にもとてもあっさりしていた。スープに香草系特有の刺激的な香りがあるが、さほど癖が強いわけではない。思っていたよりもコシがなくボソボソした食感の麺にはスープがよく絡み、マッチングがよい。肉類がないだけでなく、揚げものや炒めものものっていないから、全体的にさっぱりしている。夏場の食欲減退時などにサラッと食べるにはちょうどいい。意外と満足度の高い一杯だった。食べ始めるまでの印象があまりよくなかっただけに、ゲインロス効果も生まれたかもしれない。

高鐵便當と黒船の進撃　～高鉄桃園駅～

ここでいったん台鉄から離れて、高鉄の桃園駅について書いておきたい。高鉄桃園駅は、台鉄の桃園駅とは接続してい

高鐵便當販売店に多いスタイル。臺鐵便當よりも簡易的

ない。やや北西寄りの、中壢区にある。ここで接続しているのは、桃園ＭＲＴ機場線。機場第一航廈駅から、台北とは反対方向になる西側に6駅。桃園国際空港に降り立ってからまっすぐ台中や高雄方面へ向かうのであれば、一度台北に出るよりも高鉄桃園を経由した方が遥かに早く、運賃も安くあがる。現在のところ桃園ＭＲＴ機場線の西側は、他路線との接続がない環北駅で終点となっているが、２０２６年には中壢駅まで延伸して台鉄と接続する予定。ここがつながれば、在来線でゆっくり鉄道旅をしたい人にとってもたいへん便利になる。開業が待ち遠しい。

台北や板橋は、高鉄だけでなく台鉄も乗り入れている駅だから、駅なかの店舗を巡ってもあまり高鉄の特性が浮き彫りになっていなかった。しかし、台鉄と接続していない高鉄桃園駅を探訪すると、台鉄駅との違いと言っていいだろうか、高鉄駅ならではの個性が垣間見えてくる。

まず、駅弁が違う。高鉄の駅には、臺鐵便當ではなく高鉄が独自に調製した「高鐵便當」がある。各駅で、基本的に3種類の弁当を販売している。ラインナップは、香滷肉排盒餐（台湾風ポークカツ弁当）、香烤雞腿排盒餐（チキン照り焼き弁当）、山藥蔬食盒餐（山芋菜食弁当）。お品書きに日本語訳が併記されているのがありがたい。価格は１００元（３７０円）均一。

駅にもよるが、固定店舗よりも簡易的なワゴン販売が中心。昼どき（11～13時など）と夕方（17～19時など）のみ営業する店舗（駅）が多い。営業時間が短いうえ午後に中休みがあるので、確実に食べたい場合には注意が必要だ。臺鐵便當よりもやや調達難度が高いと言える。

臺鐵便當との比較を楽しむ意味でも、今回は香滷肉排盒餐を買ってみた。器は経木製で、蓋は紙製。60元の臺鐵便當よりもしっかりした造りなので、

蓋のデザインもかわいらしく、蓋だけでも持ち帰りたくなる

購入後しばらく手に持って歩いても安心だ。駅舎の外のベンチに腰掛け、ご開帳。

白飯の上には、中央にドンと排骨。その脇に、キャベツ炒め、ニンジン、タケノコ、高菜漬け、煮玉子（半分）、椎茸煮、パプリカ、甘い味をつけた栗、小松菜のような食感の青菜炒め。惣菜の種類が多く、またニンジンやパプリカを入れることで彩りも鮮やかに仕上がっていた。臺鐵便當とくらべると、おしゃれで現代的なセンスを感じる。

排骨は、日本語表記では「ポークカツ」となっているものの、卵とパン粉で衣をつけたトンカツとは全然違う。衣は唐揚げ程度に薄く、少々しっとりしている。臺鐵便當の排骨よりは衣の食感を感じたが、調理法としては近いものだろう。表面積は大きいが厚みはそれほどないので、女性でも容易に完食できそう。野菜がたっぷり使われているから、全体的に臺鐵便當よりヘルシーな印象を受ける。高菜がだいぶ塩辛く、ご飯もよく進む。あっという間に平らげてしまった。

箱が四角形なので、経木を内側に折りたたんで蓋と一緒に輪ゴムで留めれば、かさばらない。容器を持ち帰ってコレクションしたい場合に、ありがたい。もちろん私も、資料として持ち帰った。

さらに駅構内の探索を続けると、日本発のラーメン店「一風堂」が目に留まった。一風堂は、高鉄桃園駅に限らず、台湾全土に店舗を展開している。一風堂だけではない。都市部を中心に、街なかを歩いていると、先述の「吉野家」に加え

てうどんの「丸亀製麺」、定食の「まいどおおきに食堂」、ファミリーレストランの「ロイヤルホスト」、ハンバーガーの「モスバーガー」もよく見かける。日系以外では、「マクドナルド」や「ケンタッキーフライドチキン」も多い。

そしてこれらの外資系飲食店は、高鉄の駅構内にも少なからず進出している。ドメスティックなムードが強い台鉄に対して、外資が目立つ高鉄。この色分けが、わりとはっきりしている。

ちなみに、各外資系飲食店のうち日本でカタカナ表記する店には、それぞれ台湾語表記がある。

・ロイヤルホスト……樂雅樂
・モスバーガー……摩斯漢堡
・マクドナルド……麥當勞
・ケンタッキーフライドチキン……肯德基

参考までに、台湾の駅構内に多い外資系コンビニエンスストアは、それぞれ

・セブンイレブン……7-11超商
・ファミリーマート……全家便利商店

※「便利商店」はコンビニエンスストアの意

と表記する。意味に漢字を当てているものと音に漢字を当てているものとがあり、興味深い。このように漢字で表記されると、特に日本で馴染みのないチェーンについては、台湾ローカルなのか外資系なのかが分かりにくい場合もある。

ものは試しと思い、高鉄桃園駅構内の一風堂で、シンプルなラーメン「白丸元味」と焼き餃子を食べてみた。220元+90元で、計310元(1147円)。食材を日本から空輸しているためなのだろうか、かなり高い設定になっている。

店員同士の掛け合いは、「白丸一丁！ 餃子一丁！」と、日本語で交わされた。一瞬、「店員さんは日本人なのかな？」と思ったほど、流暢。しかし、配膳担

量が少なく見えるのはラーメン丼が大きいため。ちゃんと並量ある

当の店員に日本語で話しかけてみると、「あ、分からない……」と尻込み。業務上必要な日本語だけを徹底的に教えているのかもしれない。

味は、日本で食べるラーメンと変わらない印象。上品で臭みがなく、美味しい豚骨ラーメンだ。台湾人にはあまり馴染みがないであろう焼き餃子も、焼き加減バッチリで、形も崩れていなかった。

一風堂に限らず、外資系の飲食店は概して台湾土着の飲食店よりも値段が高い。わざわざ食べに行く必要はないと思うが、長期滞在などで日本の味が恋しくなったときには、箸休め代わりに入ってみるのもいいだろう。

高鉄を乗りこなそう！

高鉄駅の話題が出たところで、高鉄の概要について簡単に触れておこう。2007年に開業した高鉄（台湾高速鉄道）は、台北市の南港駅と高雄市の左営駅を結ぶ高速鉄道だ。全区間で、専用線路を走行する。日本の新幹線に相当すると考えていい。運営会社は台湾高速鉄路公司で、台湾鉄路管理局が運営する台鉄とは異なる。そのため、運賃系統は別々になっており、乗り継ぎは考慮されない。接続駅で高鉄と台鉄をダイレクトに結ぶ中間改札が設けられていない（乗り継ぐ場合には、いったん改札を出て、入りなおさなければならない）のも、運営会社が分かれているためだと考えられる。

一方、鉄道ファンにとっては、運営会社が分かれていることで幸いした一面もある。新幹線も在来線も同じ会社（ＪＲ）が運営する日本では、新幹線が新規に開業すると並行在来線が廃止（または売却・譲渡）されるケースが目立つ。しかし台湾では、高鉄の開業後も並行する台鉄が廃止されることはなく、むしろ高鉄駅と台鉄駅の間を結ぶ新路線が建設されるなど、鉄道網が発達する方向に作用しているのだ。

高鉄を利用するにあたってまず知っておきたいのは、ＩＣカードでの乗車ができない（クレジット機能付きカードを除く）ということだ。台鉄やＭＲＴ、バスなどを利用するときには無敵の便利さを誇るＩＣカードだが、残念ながら高鉄で

高鉄3日パスは、パスポートとほぼ同じサイズ。一緒に保管しよう

は通用しない。フリータイプの切符を持っているのでなければ、乗車ごとに窓口で切符を購入する必要がある（駅によっては、自動券売機が設置されていることもある）。

窓口では、英語はほぼ通じるが、日本語はあまり通じない。まれに「自由席」「通路側」など単語レベルで通じる程度だ。語学力に自信がなければ、必要事項をメモに書いて渡すのが確実。

「今天　113車次　台北8：31　→　台中9：20　靠窗　一张」

これだけ書けば、ひと言も喋ることなく乗車券を手にできるだろう。画面を指して確認を求められることはあるかもしれないが、示されたところを見て間違いがなければ「ＯＫ」と言うだけでいい。ちなみにこの例は、

「今日　列車番号113　台北8：31発　台中9：20着　窓側　一枚（ひとり）」

という意味だ。翌日の切符を買うのなら、「今天」を「明天」に。通路側を希望するのなら「靠窗」を「靠道」に、自由席車両に乗車したい場合には「無座」に。2人ぶん買うのなら、「一张」を「二张」に変えればいい。ただし、「靠窗　二张」だと、2人とも窓側ということで、隣合わせにはならず前後に並ぶ形になってしまう。2人ぶん以上同時に買う場合には、「靠窗」「靠道」を省こう。なお、窓側・通路側を指定しなかった場合には、窓側に空きがあれば自動的に窓側があてがわれるようだ。車内販売を利用したいなど通路側の方が好都合な場合には、「靠道」と指定した方がいい。また、高鉄には日本の新幹線のグリーン車に

車両撮影には、ホームドアがなく停車時間が長い左営駅がオススメ

相当する「商務車」があるが、特に指定しなければ自動的に普通車で取り次がれる。商務車を希望する場合に限りメモに書き加えておくといい。

発券手続きは、慣れればそれほど難しくない。しかし、時間帯によっては窓口がたいへん混雑し、30分以上並ぶ場合もある。その点、フリータイプの乗車券を利用すれば、乗車の都度発券する手間が省けるので、便利だ。

フリータイプの切符で利用しやすいのは、外国人のみ購入可能な「高鉄3日パス」と「高鉄フレキシブル2日パス」だ。高鉄3日パスは、連続する3日間乗り放題で、7000円程度。高鉄フレキシブル2日パスは、7日間以内の任意の2日間乗り放題で、9000円程度。価格を明記できないのは、事前購入が必須のため（駅窓口での当日購入はできない）。旅行に出る前にインターネット等を通じて日本円建てで購入するのが一般的なのだが、レート変動によって価格が変わる可能性があるのだ。購入したら、メールで送られてくるバウチャーをプリントアウトして、高鉄窓口で発券手続きを受ければよい。その際、パスポートの提示が必要になるので、ホテルなどに置き去りにしないよう注意を。

3日間乗り放題が7000円なのに、フレキシブルの2日間だと9000円。なんだか妙な印象を受けるだろうか。ポイントは、3日パスは3日間〝連続〟での利用になるのに対し、フレキシブル2日パスは7日間以内の任意の2日、つまり利用日を最大中5日まで空けられるということだ。中2日以上空けて利用するのなら、フレキシブル2日パスの方が便利なのだ。旅程に合わせて選ぼう。ちなみに、台北・左営間の片道正規運賃は、1490元（5513円）。往復すると1万円を超えるので、これだけでもフリーパスの元を取れる計算になる。

無事に乗車券を手にできたら、快適な列車旅が待っている。複数の型式車両が運用されている日本の新幹線とは異なり、

台湾高鉄で運用されている車両は、日本の新幹線の７００系を改良した７００Ｔ型車両のみ。当然、日本製だ。どの便に乗っても同じ車両なので、乗れば乗るほど新鮮味は薄れてくる。

そんなときには、先頭車両の側面を見に行こう。ドア脇に「台灣高鐵第一組營運列車　２００４年1月30日」の表示があれば、大当たり。これは、２００４年1月30日に川崎重工業兵庫工場で竣工した、正真正銘の第1号車両なのだ。現在高鉄で運用されている列車は、全34編成。当たる確率は、34分の1だ。数回の乗車では、なかなかお目にかかれないだろう。しかし私は、幸運にも高鉄苗栗・高鉄台中間でこの車両に乗車できた。野原で四つ葉のクローバーを見つけたかのように、気分がふわっと高揚するのを感じたのだった。

第1号車両の証。見つけると、ちょっとうれしい（高鉄台中駅で撮影）

台湾に深く根づく義大利麺　～埔心駅～

台鉄に戻って、南下の旅を続けよう。桃園から区間車で3駅、埔心駅《プーシン》へ。この間に、桃園ＭＲＴ機場線と接続する予定の中壢駅がある。さぞかし賑やかな駅なのだろうと思って降りてみたのだが、駅構内の店舗はコンビニエンスストアと鶏唐揚げ店のみ。ただ、駅前の市街地はなかなか発達していた。道路が狭く建物が高いので、閉塞感を覚える街並みだ。ここにＭＲＴを接続させるのは、かなり大変だと思う。

駅構内の店舗数は、必ずしも周辺の街の賑わい具合とは正比例しない。中壢のように、賑やかな街で乗降者も多い駅の構内が意外なほど殺風景、ということもしばしば。反対に、鶯歌駅のように駅周辺の街は閑散としているのに駅構内が妙に発達していることもある。だから、自強号が停車する主要駅だけ降りて調査したのでは、なかなか台湾の駅なか

貼り紙がなければ、イートインできることに気づきにくい造り

事情を熟知することはできない。もちろんすべての駅を探訪することなど到底できないが、可能な限り多くの駅で降りてみる必要がある。

埔心駅も、鶯歌駅に似たタイプの駅だった。駅周辺の市街地はさほど賑やかでないのに、橋上駅舎の前站（表口の意味合い）階段下で、ジュースバーと早餐店が一体化した「鮮洛檸」と邂逅したのだった。「早餐店」に和訳を当てるなら、「朝食店」になるだろうか。台湾では珍しくない形態の飲食店で、朝食をメインに提供する店を指す。早朝に開店して午前10時頃には閉め、ランチ以降は一切営業しない場合もある。自炊率が低い台湾ならではのスタイルかもしれない。

私が埔心駅に降り立ったのは、13時半になろうかという頃合いだった。早餐店なら、もう店じまいしていてもおかしくないタイミングだ。しかし、そこは朝から晩まで人通りが絶えない駅構内。朝だけでなく、昼下がりの時間帯にも営業していた。正面から見るとテイクアウト専門店のように見えるのだが、よくよく見ると「内用区→」と書かれた貼り紙が出ており、その奥にイートイン席が用意されていた。飲食店での「内用《ネイヨン》」は、イートインを意味する。テイクアウトは「外帯《ワイダイ》」。オーダーの際にどちらにするかを聞かれることが多いから、覚えておくとスムーズだ。

この店で扱う麺類は、義大利麺（パスタ）。台湾では意外なほど深く根づいている麺類で、ローカルな屋台や大衆的な麺類店でもメニューに入ることがある。店頭のお品書きに記載があるのは、3種類。茄汁肉醬麵、茄汁肉醬麵加上日式豬排、青醬蛤蜊麵。添えられた写真の助けもあって、内容はだいたい想像がついた。茄汁肉醬麵は、ナポリタン風のパスタ。茄汁肉醬麵加上日式豬排は、ナポリタンの上にトンカツをトッピングしたもの。青醬蛤蜊麵は、アサリのパスタだ。

どれにしようかと思案していると、厨房から小柄でパーマをかけたおばちゃんが出てきた。懸命にメニューを説明しようとしてくれるのだが、なにしろ早口の台湾語なので、まったく理解できない。写真も掲示されていることだし、使用食

材の説明書きもある（ただし、台湾語）。親切なのはありがたいのだけれど、もうちょっと放っておいてくれたら自分で選べるのに。しまいには、やたらと茄汁肉醬麵加上日式豬排を推挙し始めた。実は、これは私が最も食べたくなかったメニューだ。すでに昼食を終えているタイミングで、トンカツのトッピングは重すぎる。

早く決めないと埒があかないムードになり、茄汁肉醬麵を注文した。3種のうち2種が茄汁肉醬のパスタだから、少数派の青醬蛤蜊麵を消去した。結局、シンプルなナポリタンに落ち着いたわけだ。価格は、120元（444円）。弁当やローカル麺料理にくらべると高いが、一風堂よりはだいぶ安い。ちなみに茄汁肉醬麵加上日式豬排は、150元（555円）。30元増しでトンカツをトッピングできるのだから、良心的な価格設定ではある。おばちゃんが推奨したがるのも頷ける。

注文を受けてから調理するとのことで、10分ほど待つことになった。おそらく、乾麺を茹でるところから始めるのだろう。その後、フライパンで炒める音が聞こえてきて、トマトソースが軽く焦げた香りが漂ってきたところで、完成。まぁ、ナポリタンといえばナポリタン。ただ、想像していたよりもずいぶん汁気が多く、スープパスタに近いイメージのひと皿だった。そして、パスタもやっぱり薄味だった。ただ、トマトの香りのなかにアサリやニンニク、醤油の香りも介在している。これらが深みを演出していて、薄味でも充分美味しい。粉チーズをかけることで、旨みも補ってある。ただ、チーズの性質なのか、フォークにチーズが貼りついてしまい、若干食べづらさを感じた。

店頭の貼り紙には「絶無任何色素・防腐剤」とあり、着色料や防腐剤を使用していないことが分かる。だからこその薄味か。自然食は、概して味が薄いもの。もともと薄味の料理が多い台湾では、なおさらだ。

汁気の多いナポリタン。家庭的なやさしい味

米どころの外帯粄條　～高鉄苗栗駅～

埔心から先は、しばらく駅弁にも駅麺にも出合わなかった。期待を込めて下車した新竹駅で、臺鐵便當が台中製に変わっていることを確認したが、販売店が営業時間外のため購入できず。まぁ、これは台中駅で買えばよかろう。

新竹駅は、1913年に建築されたバロック様式の駅舎が美しく、駅舎ファンの人気を集めている。周辺住民も、その辺りのファン心理が分かっている様子。私が駅前ロータリーの一角で駅舎の写真を撮ろうとカメラを構えていると、おそらく下車客を迎えるためであろう乗用車が1台、ロータリーに停車した。ちょうど、私が構えたカメラのフレームに入り込んでしまう位置だ。駅の利用者に対して文句を言うわけにもいかず、迎えが済むまで気長に待っていようと思っていたら、運転席の窓が開き、ロマンスグレーの壮年男性がこちらに向かって台湾語でペラペラと話しかけてきた。何を言っているかまったく分からなかったのだが、その直後、彼は車をバックさせてフレーム外の位置まで移動してくれた。おかげで、私はすんなりと駅舎の写真を撮ることができたわけだ。撮影後に私が礼を言いに車の脇へ行くと、男性は左手を上げ、親指を立てるグッジョブポーズ。かけているメガネのフレームがキラッと光ったようにさえ感じた。

さて、次に下車するのは、豊富《フォンフー》駅だ。駅前には市街地どころか目立った集落すらなく、田畑や荒れ地が広がっている。とてもではないが駅弁・駅麺とは縁遠い駅だ。しかしこの駅は高鉄苗栗《ミャオリ》駅と接続しているため、それなりに乗降者数が多い。高鉄苗栗駅まで歩いて構内を探索すると、米粉麺を使った板條《バンティヤオ》を販売する「栗国米食」が営業していた。

余談だが、苗栗駅は、高鉄と台鉄にそれぞれ存在する。しかし、台鉄が高鉄と接続するのは、苗栗駅ではなく、ひとつ北の豊富駅。これがちょっとややこしい。日本だったら、後から開業した高鉄の駅は「新苗栗」と名付け、それに合わせて台鉄の豊富駅も「新苗栗」に改称しそうなケースだ。

こういった例が、ほかにもたくさんある。桃園駅もそうだ。高鉄と台鉄の両方に桃園駅がありながら、両者は接続していない。新竹（台鉄の接続は六家駅）、彰化（台鉄との接続なし）、嘉義《チアイ》（台鉄との接続なし）、台南（台鉄の接続は沙崙駅）といった高鉄各駅も同様。台鉄と高鉄の運営が縦割りだから、このように旅行者にとって分かりにくい形になってしまうのかもしれない。
　板條の話に戻そう。板條は、中国・広東地方発祥の米粉麺料理。もともとは「粿条」と表記されていたが、客家によって台湾にもたらされ、「粄條」の名で定着。現在は簡略化して「板條」と表記する店が多いが、栗国米食では「粄條」と昔ながらの字体で表記している。台湾全土に普及している料理だが、特に客家が多く住み米粉を使った料理が好まれている新竹県周辺でよく目にする。もともと中国本土の料理であるため、中国はもとより東南アジアにも広く普及している。香港などの河粉《ホーフェン》、ベトナムのフーティウ、タイのクァイティオなども、粿条から派生した料理だといわれている。読み方も、どことなく似ている。

調理シーンを間近に眺める。日台に共通する、駅麺の醍醐味だ

　栗国米食で扱うメニューは、全部で15種類。このうち11種に「粄條」の字が入っている。若い女性店員は流暢に英語を操っていたので、逐一説明を受けることもできるのだが、むしろ私の英語力が追いつかなかった。そこで、今回は最もシンプルなものであろう台灣肉燥粄條を食べてみることにした。価格は、70元（259円）。高鉄の駅なかグルメとしては、かなり安い部類だ。
　冷凍庫から、麺と具材の肉や野菜を取り出し、私の目の前で調理。まず、茹であがった麺を、直方体に近い形状の紙箱に入れる。ハリウッド映画でヌードルが登場するときには、たいていこのような形状の容器に入っている。アメリカンスタイルと言えばいいだろうか。なかなかおしゃれだ。その上から、茹でた豚肉と野菜、調味料などを次々に投じていく。調理工程を一部始終眺めることができるので、待ち時間が楽しい。

見るからに味が濃そう。しっかり混ぜて食べるのがポイント

店舗にはイートイン席がないので、待合ベンチに座って開封。「よく混ぜてください」と言われていたので、そのとおりにしっかりかき混ぜてから、口の中へ。第一印象は、「台湾料理にしては醤油系の調味料が濃いめだな」だった。

米粉麺は、小麦麺にくらべて甘みや香ばしさが弱い。よく言えばさっぱりしている。悪く言えばあまり味がない。しかも、板條はビーフンにくらべて太いので、味の薄さが際立ってしまうものだ。だからこそ、調味料をやや濃いめにして全体的に物足りなくならないよう工夫しているのだろう。

麺は、きしめん状に平べったいものと、うどん状のものとが混在している。一本の麺で見ても、片方の端はきしめん状なのに、反対側の端はうどん状ということがある。機械製麺ではこうならないはずなので、手打ちなのだろう。具材は細切れの豚肉と肉そぼろ、白菜のような食感の野菜、モヤシ。肉そぼろにニンニクの香りがあり、食欲が刺激される。

総じての印象は、何ひとつ焼いてはいないのだが「あっさり味の焼きうどん」だった。日本人の舌にも合う味覚だ。機会があったら別のメニューも試してみたいし、ほかの店でも食べてみたい。「またどこかで板條に出合えたらいいな」と思いつつ、台鉄の豊富駅に戻ったのだった。

第3章

台湾中西部と阿里山森林鉄路

熱気でむせ返る台中市へ

豊富からさかのぼること、3駅。竹南駅で、台鉄西部幹線は山線と海線に分岐する。海線は台中市の中心部を迂回して南下するので、台中市街へ行くためには山線に乗らなければならない。

区間車の場合、海線は竹南始発の便が多い。竹南から乗るのでなければ、さほど神経を使わなくても大丈夫だ。先頭車両が流線型のＥＭＵ８００型電車に乗っていれば、だいたい山線に入る（一部海線に入るＥＭＵ８００型もある）。注意したいのは、意外と海線経由の便が多い自強号や莒光号などの対号列車だ。ドア脇の電光掲示などで「経山線」となっていることを確認してから乗るようにしたい。

もっとも、海線には海線のよさがある。西部幹線ではいちばんローカルムードを楽しめる区間で、沿線には無人駅も多い。海沿いを走るから、車窓からの眺めもよい。山線にくらべると空いていて、荷物が大きくても安心。台中市街を通過してさらに南を目指すのであれば、むしろわざわざ海線を選びたいくらいだ。

私は一連の旅のなかで海線にも乗車し、新埔《シンプ》、大甲、沙鹿《シャールー》、追分《チュイフェン》の各駅で降りてみた。大甲と沙鹿はそれなりに賑やかな駅だったが、新埔と追分は情感漂うローカル駅。特に海から近い新埔駅は、ＪＲ予讃線の下灘駅のような寂寥感に包まれていて印象深かった。西側が海だから、跨線橋に立って夕日を眺めたら最高だろうな。なお、私が降りてみた4駅の中で、駅構内に駅弁・駅麺を扱う店舗があったのは、沙鹿駅だけ。改札外の「鐵路町」という売店兼土産物店に小さな保温器があり、台中製の臺鐵便當を販売していた。60元のものと80元のものだけで、訪問時にはどちらも売り切れていた。

EMU700型も、山線に入る便が多い（竹南駅にて撮影）

日本のローカル線にもありそうな佇まいの新埔駅

さて、山線に入り、豊富駅と接続する高鉄苗栗駅で板條との邂逅を終えたところに話を戻そう。豊富駅に戻って南下を続けると、しばらく山間の狭隘なエリアを走り、ようやく開けてきたなと思ったら台中市に入っていた。台中市街の北端に位置する豊原駅から先は真新しい高架線路で、おしゃれでモダンな駅舎が多くなる。つぶさに探訪してみたが、構内店舗も駅舎同様に現代的だった。ガラス張りのカフェなどが多く、あまり駅弁・駅麺のムードはない。日本でも、駅舎が改築されると古きよき構内店舗が姿を消す例が後を絶たない。このあたりの事情は日本と台湾で共通しているように感じる。

豊原駅構内の喫茶店「Ｔｅａ Ｔｏｐ」では、臺鐵便當を販売していた。ただし、１種類（80元のもの）のみで、用意数は少ない。台中エリアでは、台湾鉄道管理局の直営売店ではない別事業者の店舗でも臺鐵便當を販売している。「代售」の表示が出ているから、委託販売なのだろう。台北エリアでは、このスタイルでの臺鐵便當販売店には出合わなかった。

夕方、まだ帰宅ラッシュには早い時間帯だというのに、豊原からひと駅進むごとに車内はみるみる混雑していき、台中駅に着く頃には朝の通勤ラッシュさながらの超満員になった。そして乗客の多くが、台中駅で一斉に吐き出された。

ホームに降り立ってからも、ずっと人ごみにもまれ続ける。人が多すぎて足元が見えない階段を下り、利用者数に比して設置台数の少ない改札を抜けるのに牛歩状態になる。改札外の通路はたいへん広いのだが、切符販売窓口にできている長蛇の行列が半分ほどを埋め尽くしてしまうため、ここもなかなか思うように歩けない。やっとの思いで駅舎の外に出ると、今度は地べたに座り込む人が多すぎて、避けて歩くのが大変。まるで障

沙鹿駅「鐵路町」の臺鐵便當コーナー。用意数は少ない

害物競走のようだ。そして、駅前に滞留する人々の顔ぶれが、なんと多国籍なこと！ 肌の浅黒い東南アジア系や、肌の露出を極力避けたムスリム風の女性、白人に黒人、もちろん日本人と顔かたちがよく似た黄色人種も多い。観光客が多いのか、それとも外国人居住者が多い街なのか。

駅構内や駅前で立ち止まれるような場所がなく、このままではどこまでも人波に流されてしまいそうだ。そこで私は、いったん裏口側に退避することにした。ロータリーのない裏口は、表口側の雑踏からは想像もつかないくらいに閑散としており、安心して立ち止まれる。禁煙エリアを示す赤線の外に出て、道路の縁石に腰を下ろして、タバコに火をつけた。ふぅ、やっと人心地がついた。

台鉄の駅構内や駅周辺は、全面禁煙。違反すると、高額の罰金が科される。駅舎を出てすぐか、駅前広場を抜けたあたりに赤線が引かれていて、その内側が禁煙エリアになっている。日本では駅付近に公共の喫煙所が整備されていることが多いが、台湾ではスタンド灰皿を置いてある場所が少ない。必然的に路上喫煙者が多くなり、ポイ捨ても多い。繁華街などを朝早くに歩くと、道端に落ちている夥《おびただ》しい数の吸い殻に、喫煙者でさえうんざりする。分煙環境は、日本よりだいぶ遅れていると言える。せめて我々旅行者は、ポイ捨てせずに済むよう携帯灰皿を持ち歩くようにしたい。

利用者数がたいへん多い台中駅。駅構内の人口密度は台北駅をはるかに上回り、完全に飽和状態。しかし実は、これでも2016年に竣工したばかりの新駅舎なのだ。隣接する旧駅舎は、日本統治時代の1917年に竣工。赤レンガ造りの洋風駅舎だ。桃園駅と同じように、駅舎としての役割は終えているものの、解体せずに残されている。この旧駅舎は国定古跡に指定されている。日本に例えるなら、国の重要文化財だ。現役の駅舎ではないけれど、新竹駅と並んで鉄道ファンの人気が高く、立ち止まってスマートフォンなどで記念写真を撮る人が多かった。

右が旧台中駅舎、左奥が新台中駅舎

商品名も異なる、台中製の臺鐵便當　～台中駅～

多すぎる乗降者を適切にさばけるよう設計されたはずの新駅舎が、まさかの飽和状態。これが、台中の現実だった。２８０万を超える人口を抱える台中市には、現時点ではＭＲＴが走っていない。鉄道は、台鉄と高鉄だけなのだ。目下急ピッチでＭＲＴが建設されているところだから、もう少しの辛抱か。近い将来、この過剰混雑は緩和されると信じたい。ただでさえ乗降者が多すぎるのに、駅構内店舗に人々が滞留したら、駅舎はパンクしてしまう。そのためか、台中駅にはこれといった構内店舗がない。比較的余裕がある裏口に近いところにジュースバーとベーカリー、改札内にもベーカリー、そして改札正面の混雑激しいところに臺鐵便當の簡易的な販売店があるだけだ。

私の目当ては、臺鐵便當だ。しかし、これだけ人が多い場所で簡易的な小型販売店では、とうてい追いつかない。台北駅の１号店のように、ある程度大型の固定店舗が必要だ。そう思って覗いてみると、案の定「售完」の札が出ていた。全品売切れだ。この店舗では、タイミングを考えないと購入できそうもない。

台中駅近くのドミトリーに宿泊し、翌朝一番で再び台中駅へ。昨夜は人々の熱気に包囲されていた台中駅が、うって変わって静けさに包まれていた。朝と夜とで、こんなにも表情が変わるとは、驚きだ。この時間帯に混雑しているのは、むしろ駅周辺のバス停だ。バス待ち客の行列が歩道を完全に埋め尽くしている。ただでさえ市街地の歩道は段差や放置バイクが多くて歩きにくいのに、わずかな歩行スペースをバス待ち行列が占有しているので、車道を歩くしかない。車道は激しく渋滞しているから、車の脇をすり抜ける原付バイクが予期せぬところからニュッと飛び出てくる。かなり危ない。このようなバス依存社会も、ＭＲＴが開業すれば多少は緩和されるのだろうか。

台中に限らず、台湾では原付バイクが庶民の主たる移動手段になっている。駅前には、「機車出租」の看板を掲げるレンタルバイク店が連なる。日本人が自転車に乗るような感覚で、台湾人は原付バイクに乗っているのだ。「機車」は、オートバイの意味。ちなみに、「汽車」は自動車を意味する。日本人が間違いやすいポイントだ。

残念なことに、原付バイクの運転マナーはあまりよくない。青信号で横断歩道を渡っている歩行者の列にも、容赦なく突っ込んでくる。歩行者が原付バイクを避けて歩くのが慣例になっているほどだ。完全な信号無視や一時停止違反も多い。この傾向は、南部へ行けば行くほど顕著になる印象だ。最初に台北市内を歩いた時点ですでに「マナーが悪いな」と思っていたけれど、台中、台南、高雄と南下していくにつれさらに悪化していき、高雄に着く頃には「むしろ台北はマシだ」と思えるようになった。道路を横断するときには、たとえ青信号であっても、周囲をよく見てから歩きだすようにしたい。

さて、台中駅の臺鐵便當だ。ここで販売しているのは60元のものと80元のものだけだった。新竹、苗栗、豊原、沙鹿の臺鐵便當も、1種ないし2種だった。もしかしたら、そもそも台中製の臺鐵便當はこの2種類しかないのだろうかと、このときには思った。後に、彰化駅で5種類の臺鐵便當を販売する店舗に出合うのだけれど。

商品名も、台北製や七堵製のものとは少々異なっていた。60元の弁当は「經濟排骨便當」、80元の弁当は「八角盒排骨便當」だ。気になるのは、60元弁当の名称が「傳統」「酸菜」から「經濟」に変わっていることだ。いかにも安ものっぽいネーミングなので、プライドが邪魔をして一瞬購入を躊躇してしまう。それでも、6か所の臺鐵便當を食べくらべたいので、經濟排骨便當を購入。

まず目に飛び込んでくるのは、蓋に描かれている陳世雄氏の水彩画だ。台北製と七堵製は油彩画だったが、水彩画のバージョンもあるのか。絵柄は、旧台中駅舎。それに加えて、台湾鉄路管理局の公式マスコットキャラクター「台鉄餐旅熊兄妹」が描かれている。それぞれの名前は、左側の普悠馬号風衣装のキャラクターが「鐵魯」、右側の太魯閣号風衣装のキャラクターが「漢娜將」。台湾では、このほかに台湾観光局の公式キャラクター「喔熊（Ｏｈ！ Ｂｅａｒ）」もよく見かける。鉄道イベントなどには、この3体が揃って登場することもある。

駅周辺の駐輪場は、どこも原付バイクだらけ（高鉄台中駅付近にて撮影）

台中製は、台北製や七堵製よりもかわいらしい絵柄

中身も、台北製や七堵製とは少々異なっていた。中央に大きな排骨が鎮座し、その脇に煮玉子が配されるところまでは同じ。しかし、ほかの副菜が違う。湯葉煮が煮豆腐に、そしてキャベツや高菜の炒めものは、ブロッコリーになっていた。

豆腐は日本固有のものと思っている人もいるかもしれないが、それは大きな間違いだ。豆腐の発祥は中国で、唐代とも紀元前とも言われるほど長い歴史がある。日本の豆腐にはやわらかい絹ごし豆腐とやや食感の強い木綿豆腐があるが、台湾の弁当に用いられる豆腐は日本の木綿豆腐よりもさらに硬いものが多い。豆腐をギュッと押し、脱水して作られているためで、「豆干《ドウガン》」と呼ばれる。一辺が5センチくらいの正方形で、座布団のように中央部が少し盛り上がっているものが多い。これを醤油ベースのタレで煮つけて、副菜として入れているのだ。

食べてみると、日本の豆腐のように滑らかな食感ではなく、少しパサパサしている。反面、大豆本来の旨みが凝縮されている。塩気控えめでご飯のおかずにはあまり向かないものの、豆腐自体の味わいはたいへん濃く美味しい。屋台料理の「臭豆腐《チョウドウフ》」のようなクセはないので、日本人が初めて食べても美味しいと思えるものだ。本書では臭豆腐は登場しないが、実は高雄市の六合夜市でチャレンジしている。吐き気をもよおすほど臭かったが、味覚的には美味しかった。

台湾では、豆腐だけでなく豆乳もたいへんポピュラーだ。コンビニエンスストアの飲料コーナーを覗くと、牛乳より豆乳の方が多種多様取り揃えており、陳列面積も広い。私も、台湾土着のコンビニエンスストア「萊爾富（Ｈｉ‐Ｌｉｆｅ）」で紙パックの豆乳

衣のつけ方が違うのか、排骨は台北製や七堵製にくらべてややクリスピーな印象だった

を買い、飲んでみた。日本の豆乳よりも大豆の味が濃く、とろみも強い。美味しいのだけれど、喉の渇きを潤すには不向きだ。

台中製の臺鐵便當も、全体的に味付けは薄かった。台北製や七堵製よりもさらに薄く感じるほど。排骨、玉子、豆腐、ブロッコリーのすべてが薄味なので、あまりご飯が進まない。先に惣菜を食べ尽くし、最後に白飯だけが残る。唯一の塩辛い副菜であるキュウリのピリ辛漬けを、有効に使いたい。

バスターミナル内に屋台!? ～台中駅～

都市鉄道の整備が遅れている台中市。朝のバス待ち行列の長さを見ても、バスへの依存度の高さがうかがい知れる。ということは、バスターミナルが充実しているのではないだろうか。台中駅で駅麺に出合えなかった腹いせに、台中駅にほぼ隣接している台中轉運站（バスターミナル）を覗いてみることにした。

台中駅に先がけて2016年に新築されたバスターミナルビルは、単独の運行会社のものではなく、国光客運、台中客運、統聯客運の3社が乗り入れる巨大な施設だった。建物内には、発券窓口や待合所だけでなく、土産物店や飲食店も多数入居している。利用者もたいへん多い。台鉄の台中駅構内に店舗が少ないから、バスには乗らずに飲食やショッピング目的で立ち寄る人も多いのではないだろうか。

驚いたことに、日本発の「まいどおおきに食堂」や「モスバーガー」まで入っている。高鉄の駅ならさほど驚くこともなかっただろうが、ドメスティックなイメージが強いバスターミナル内で出合うとは、思っていなかった。

その一方で、バスターミナルらしい土着の飲食店にも出合えた。間仕切りどころか壁もなく、店名の表示すらない屋台風の飲食店だ。オープンしてまだ3年しか経っていないバスターミナル内に、どうしてこんなにも風格漂う店があるのかと不思議に思う。

屋台好きにはたまらない雰囲気。毎日でも寄りたくなる

まずは、メニューをひとしきり眺める。鴨肉を使った鴨賞甜醋飯や九層炊など、台中ではなく台湾北東部に位置する宜蘭市の名物料理が多く並ぶ。麺類メニューは、招牌麺線、香椿拌麵、台灣煮麵、鍋焼麵の4種類。まずは、ベーシックな招牌麺線（65元＝241円）を食べてみることにしよう。「招牌《ジャオパイ》」とは、その店の看板メニューを指す言葉。屋台風の飲食店で麺線に「招牌」が付いているとなれば、これを食べずには何も語れない。街なかの屋台とくらべてやや割高感はあるけれど、それは台北駅2階のフードコートと同じことだ。

紙製の使い捨て容器で提供された招牌麺線は、台北駅「洪十一 台南擔仔麵」の麻油麺線とは似ても似つかぬものだった。そして、台北の屋台でよく見る麺線ともまた違う。食感的にも味覚的にも、日本のそうめんに近かった。

たっぷりの麺に、あっさりした醤油ベースのつゆがかかっている。汁麺と呼ぶほどつゆは多くなく、まぜそばと汁麺の中間くらいのスタンスだ。日本に例えるなら、ぶっかけうどんの塩梅。屋台の麺線のようなとろみはなく、つゆはサラサラ。また、「洪十一 台南擔仔麵」のように麻油が使われることもなく、刺激の少ないやさしい味わいだ。つゆはあっさりしているのだけれど、全体的にほどよい塩気もある。おそらく、手延べで作られている麺自体に塩が含まれているのだろう。具材は、シンプルに肉そぼろと青菜のみ。肉の旨みと青菜の香りがつゆにマッチして、とても美味しい。屋台の麺線より量が多いので、やや高い価格設定

招牌麺線。器は小さいが麺がぎっしり詰まっていて、意外にボリューミー

香椿拌麺には、混ぜやすいよう深い容器を使う

にも納得できた。

気をよくした私は、翌日にも再び訪問。今度は、香椿拌麺（70元＝259円）を食べてみた。こちらは、〝拌〟の字が入っていることから、お品書きに写真がなくても「まぜそばスタイルのものだろう」と想像がついた。

招牌麺線とは異なる、深い紙製容器で提供。麺は、太めの中華麺だ。スープはなく、セロリのような苦みがある青菜とともに、なにやらどす黒い佃煮のようなものがトッピングされている。箸で少しつまんで食べてみると、漢方薬のような香りが喉や鼻を突いた。なるほど、これが「香椿」なのだな。

帰国してから調べてみたところ、これは台湾特有の調味料で、正式には「芝麻《チーマー》香椿拌醤《シャンチンバンジャン》」というものだった。大豆ミートとゴマ、そして台湾では薬用植物として重宝されている香椿から作られている。〝椿〟の字が入っているが、香椿はセンダン科の落葉高木で、ツバキとは無関係。ツバキを「椿」と表記するのは日本特有のもので、中国ではツバキを「山茶花」と書く。日本ではこれを「さざんか」と読み、ツバキとは異なる植物を指す。このあたりの微妙な言葉の違いも、興味深いところだ。

薬用植物だけあって、時折ほろっと苦みが走る。「大人の味覚」と言いたいところなのだが、刺激が強くやんちゃな一面もある。美味しいと思える一面がありつつ、なんだか薬っぽくて食事のイメージから離れているように感じる部分もある。なんとも複雑で不思議な料理だった。

台湾語を話せない日本人が2日続けて食べに寄ったから、顔を覚えられたのだろうか。白髪の店主がおもむろに厨房から出てきて、通常20元で販売している金棗茶を無料サービスしてくれた。キンカンの産地でもある礁渓郷《ジャオシーシアン》温泉の名物なのだという。少しとろみがあるオレンジ色のお茶は、とても甘く、ほんのりとした苦みも介在していた。飲み干した後

には、柑橘類に特有の酸味が余韻として長く残った。食後にデザート感覚で飲むのに適したお茶だ。

礁渓郷温泉は、台湾北東部に位置する宜蘭県の有名な温泉地。台湾では珍しい裸湯の公衆温泉浴場があり、日本人の間でも人気が高い。今回の旅では終盤に訪れることになる宜蘭でのんびり温泉に浸かるのもいいなぁ、とまだ見ぬ地に思いを廻らせる。長く残る酸味の余韻は、私の想像力をおおいにかきたててくれた。

銀行窓口のような自助餐廳　～新烏日駅～

亜熱帯に属する台湾のなかでもとりわけ熱気を強く感じた、台中。後ろ髪を引かれる思いを断ち切って、南へ進もう。台鉄で４駅、高鉄台中駅と接続する新烏日駅《シンウージー》へ。〝新〟と付いているのは、もともとすぐ近くに烏日駅があり、高鉄が開業するにあたって２００５年に開業した新駅だから。烏日駅周辺は古い住宅密集地で、台中市の市街地から切り離されたローカルな雰囲気の街。そのすぐ近くにピカッと新しい新烏日駅が建設されたことで、このあたりも台中市街の一部に含まれるようになった。「台中市が広がった」と言っても過言ではないだろう。

目下、彰化市内から新烏日を経て台中市街の中心部へアクセスするＭＲＴの建設が進んでいる。ＭＲＴは上空かなり高いところを走るので、烏日駅付近では平屋建ての住宅が並ぶすぐ背後にＭＲＴの烏日駅が天高くそびえている。街が駅の監視下にあるかのような、なんとも異様な光景を生み出している。

新烏日は高鉄との接続駅だから、乗降者数はかなり多い。自動改札機が足りず、タイミングによっては改札前に50ｍ以上の行列ができるほどだ。利用者数が、当

建設中のMRT烏日駅。2020年開業予定

初の見込みをはるかに上回っているのだろうか。

こうなれば、駅なかも充実一途だ。改札内には臺鐵便當も扱うコンビニエンスストアがあるほか、鉄道グッズなどの自動販売機コーナーも設置。そして改札外にも、高鉄台中駅へ続く通路に沿って臺鐵便當販売店や飲食店が連なり、通路中央部には「1905年烏日駅」と題して開業当時の烏日駅を再現した展示コーナーがある。

飲食店のなかでひときわ目を引くのは、間口を広くとった「五花馬水餃館」だ。黒を基調としたシックな意匠は、やや高級な飲食店を連想させる。しかし、実際には招牌乾麵や招牌湯麵なら55元（204円）で食べられる。大衆志向の店だ。もちろん、店名にあるとおり水餃子も扱う（60元〜）。背と腹がくっつきそうなほどの空腹を抱えていたこともあり、招牌乾麵を中心にした130元（481円）のセットメニューを注文することにした。

この店は、システムがちょっと変わっていた。店内に入ってすぐのカウンターで注文して代金を支払うと、店員からイートインかテイクアウトかを尋ねられる。イートインだと告げると、店員はレシートに印字された3桁の番号を私に見せ、英語で「これがあなたの番号です」と教えてくれた。なるほど、料理が出来あがったら番号で呼び出されるのだなと理解した。英語が通じるのはありがたい。高鉄接続駅だけあって、外国人の利用も多いのだろう。

ところが、席に着いて待っていても、店内には呼び出しのアナウンスが一切流れない。いったいどうやって受け渡しているのだろうかと、疑問に思う。同時に、「私の注文はちゃんと受け付けられているのだろうか」と、若干の不安にさいなまれる。

その疑問や不安は、先客の受け渡し風景を見ることで解消された。受渡口の上部に電光掲示板があり、そこにレシート番号が表示されるのだ。自分の番号が表示されたら取りに行く、というわけだ。なんだか、銀行か区役所の窓口業務のようなシステムだ。7人待ちの末に私の番号〝197〟が灯り、重い腰を上げた。

セット内容は、招牌乾麵、蘿蔔糕《ルオボウガオ》2個、豆腐と白菜のような野菜のスープ、そして選べるドリンク（コカコーラを選択）。これだけ食べても日本円換算で500円に満たない。台湾の物価の安さが本当にありがたく感じる。

メインの招牌乾麺からいただこう。「招牌」が看板メニューや定番メニューを指す言葉であることは、すでに説明済み。では、「乾麵」とは何かという話だ。ひと言で言うと、これは汁なし麺を指す言葉だ。乾燥させた麵、ややをもするとインスタントラーメンを連想してしまう日本とは、だいぶ感覚が異なる。醤油ベースの肉そぼろをトッピングして、よく混ぜて食べるのが一般的。五花馬水餃館の招牌乾麵は、温かい麵に温かい肉そぼろをのせ、モヤシと煮玉子(半分)をトッピングしていた。

自家製だという麺は、白っぽく、あまりモチモチ感がない。中華麺とうどんの中間くらいの印象だ。縮れており、麺同士が絡まりやすいので、少々混ぜにくさや食べにくさを感じる。ただ、縮れ麺には肉そぼろがよく絡むので、苦労しながらもしっかり混ぜれば麺と肉そぼろが一体化して、バランス感のよい味になる。台湾に来て以来お馴染みの表現になるが、これまたとても「あっさり」した味わいだった。麺を全部食べ終えた後には、麺から出る水分と肉そぼろが混ざり合ったスープが少量残る。これをそのまま飲んでも抵抗ないくらいのあっさり感。また、薬味がパクチーではなく青ネギなので、強いクセもない。日本人の舌にも合うだろう。

スープは、招牌乾麵にも増して薄味。台湾のスープは、どうしてこんなにも薄味なのだろうか。旨みの強い肉系の食材で補うのならまだしも、豆腐と白菜では、スープにさほど旨みが染み出ない。いわば、タレをつけずに湯豆腐を食べるような感覚だ。蘿蔔糕は、エビの香りが漂うやわらかめの餅。大根を使った餅とのことだが、食感も風味も、大根らしさはほとんど感じられなかった。味や香りがはっきりしているので、とても美味しい。

台湾の食堂では、麵類と副菜をセットにしたメニューを扱う店が多い

お手軽なパスタとしては上々の出来栄え

新烏日駅からもう一軒、台湾ローカルの洋風ファストフードチェーンを簡単に紹介しておきたい。パスタやカレーライス、ハンバーガーなどを扱う「麦味登」。〝MWD〟のロゴマークが特徴的なチェーンだ。

このチェーンでは、ほかの麺類にくらべて割高傾向にあるパスタを、安く手軽に食べられる。青醤雞肉義大利麺と茄汁檸檬雞義大利麺は、どちらも90元（333円）だ。埔心駅の「鮮洛檸」でトマトソース系のパスタは実食済みなので、今回は青醤雞肉義大利麺を選択。

中央部が窪んだ、シルクハットを逆さまにしたような形の皿で提供。思っていた以上にしゃれていたけれど、パスタそのものはだいたいイメージしていたとおりだった。バジルソースを絡めたパスタに、スモークチキン、ヤングコーン、ブロッコリーのトッピング。要するに、バジリコだ。ソースにはタマネギが溶かし込んである。安いわりに、意外としっかり作り込まれたパスタだった。台湾土着の麺類にくらべて塩味が強いので、塩気に飢えたときに食べたくなるひと皿だ。

立ち食い駅麺との邂逅　～高鉄台中駅～

台鉄の新烏日駅と連絡通路で直結している高鉄台中駅にも、多数の店舗が入居している。飲食店は南側（新烏日駅側）に集中しており、中央部には弁当店、台鉄から離れた北側エリアにはコンビニエンスストアなどの物販店が多い印象だ。

新烏日駅にいちばん近い場所にあるのは、「翰林茶棧」。主要駅でよく見かけるチェーン店で、店名から想像できるように喫茶メニューが中心。「ここは本書とは無縁の店かなぁ」と思い素通りしかけたのだが、ふと店舗脇の通路に露出した客席に目が留まった。

椅子がない！

そして、「立食區」と記された貼り紙が出ている！

日本ではお馴染みの〝立ち食い〟だが、海外ではなかなかお目にかかれない。韓国（釜山・大邱）では、一度も見かけなかった。香港では、街なかでは場末の車仔麺《チェーチャイミン》店などで何回か見かけたが、駅なかで巡り合ったのは1軒だけ。そしてここ台湾で、遂に初めて立ち食い席を擁する飲食店を発見したのだった。ちなみに、本書ではこの後に立ち食い席を備えた飲食店は登場しない。今回の旅で私が唯一邂逅した立ち食い店が、ここ高鉄台中駅の翰林茶桟だ。

麺類を扱っていてくれ！と祈りながら注文口に回ってみる。お品書きを見渡すが、それらしきメニューはない。しかし、レジ脇に数種類の麺が陳列され、その脇にはトッピングになるのであろう野菜や惣菜の数々。お品書きには載っていない、好みの麺とトッピングを指定してその場で作ってもらう麺メニューがあったのだった。

麺は、市販の即席スナック麺が中心。子どものおやつとしてもお馴染みの「王子麺」や「科学麺」もある。これらは、コンビニエンスストアなどでも10元（37円）で手に入り、私もドミトリーの共用フロアで夜な夜な台湾ビールを飲みながらつまんでいたもの。それが、翰林茶桟で食べると30元（111円）。これではさすがに面白味がないので、これまでに食べたことがなかった「蒸煮麺」をチョイス。

最初に麺を選ぶと、次にトッピングを選ぶように促される。トッピングは、主に2つに分けられる。ひとつは、各種生野菜。当てずっぽうで、小松菜に似た青菜とミックスキノコをチョイス。そしてもうひとつは、単品でも販売している「関東煮」だ。関東煮は、平たく言うと「おでん」。日本でも関西などではおでんのことを「関東煮」と表記する。それがそっくりそのまま台湾にも根づいている。台湾では、コンビニエンススト

翰林茶桟の立食區。4〜5人程度同時に利用できる広さ

充実の関東煮ラインナップ。日本人には馴染みの薄い食材も多い

アなどでも関東煮を扱い、日本と同じようにセルフサービスで皿に取りレジで精算するシステムになっている。味は、日本のおでんよりもだいぶ薄い。

翰林茶棧では、この一般的な関東煮とは別に、麻辣を利かせたタレで煮込んだ関東煮も用意している。麻辣関東煮も気になるところではあるが、これをのせたら辛みが全体を支配してしまうだろうと考え、遠慮。薄味の関東煮から玉子を選択し、トッピングしてもらった。店員が台湾語でおそらく「麻辣スープを加えますか?」であろうことを聞いてきたが、丁重に断った。

最終的な支払額は、125元(463円)。意外といい値段になる。香港の車仔麺と同じで、この手のセルフチョイス式麵類店では調子に乗ってたくさんトッピングすると高くつく傾向がある。出来あがりを待つ間に、立食區へ移動。待っていると、店員がテーブル席のある店内を指さして早口の台湾語で何か話しかけてきた。察するに「客席はこちらですよ」といったところだろう。しかし、私は固辞して立食區で。

麺と野菜などを小鍋で一緒に煮込んで、紙製の丼にガバッとあけて出来あがりなので、盛りつけはあまり美しくない。玉子も青菜も麺の下に隠れて、見えない状態だった。ほじくり返して、配置を整えて、写真を撮ってから箸をつける。

麺は即席麵なので、どうということもない。美味しいのは、スープだった。関東煮のスープを主体にしているようで、いろいろな食材の出汁が混ざり合って深みのあるまろやかな味わいなのだ。これなら、塩気控えめでもまったく物足りなさを感じない。関東煮をもう1~2品足してもよかったかなと、少々後悔するほどだった。

関東煮の玉子は、臺鐵便當などに入っている煮玉子とくらべると、だいぶ薄味。反面、癖がないため玉子自体の旨みがしっかり感じられる。これも美味しい。

あとは、麺かな。もう少しこだわった麺を用意できれば、もっと印象深いものになっただろう。そう思って帰り際にもう一度麺のラインナップを確認しに店頭へ行く。すると、注文時には目に入らなかった意麺《イーミエン》（油揚げ麺）や米粉麺が並んでいるのを見つける。うわぁ！　これらがあると分かっていたら、即席麺ではなく意麺にしたのに！

揚げることで香ばしさを増した意麺は、きっとこの薄味スープにもよく合うだろう。一抹の心残りを感じつつ、その一方では「今後、台湾を一周する間のどこかで必ず意麺を食べよう！」と心に決めたのだった。

ガード下の桃源郷　～員林駅～

竹南駅で山線と海線に分岐した西部幹線は、烏渓（台中市と彰化市の境界となる川）を越えた先の彰化駅で合流する。将来的には台中ＭＲＴがここ彰化駅に接続する計画になっている。彰化駅舎が大規模なリニューアル工事に入っていたのは、そのためだろうか。

彰化駅には、臺鐵便當の販売店がある。台中エリアの臺鐵便當販売店としてはかなり規模が大きく、種類豊富で品数も多い。いろいろな弁当を食べくらべてみたい場合には、台中駅よりも彰化駅で購入した方がよさそうだ。

また彰化駅には、駅弁でも駅麺でもないが、たいへん珍しいスタイルの駅なか店舗があった。それは、島式ホーム上の島式店舗だ。３Ａ・３Ｂホーム上に、売店「ＯＫストア」と一体化した実演販売形式の紅豆餅（大判焼き）店がある。日本ではさして珍しくない光景だが、台湾にはこの立地の店舗がほとんどない。私が探訪した限りでは、高鉄やＭＲＴも含めて、島式ホームの島式店舗はこの１軒だけだった。台湾のみならず、香港ではまったく出合わなかったし、韓国で見か

自分好みにアレンジできる。ベストな組み合わせを探すために通い詰めたくなる

けたのも東大邱駅高速鉄道ホームのコーヒーショップくらいだ。

　なお、ホームの番号が3A・3Bとなっているのは、台鉄に特有のもの。日本では線路ごとに1番線、2番線と名付けるが、台鉄ではプラットホームごとに1月台、2月台（「月台」はプラットホームの意味）となる。島式ホームの場合にはホームの両側に線路があるので、それぞれアルファベットでA・Bが付されるのだ。

　参考までに、紅豆餅は1個20元（74円）から。あんこは日本のものよりもだいぶ甘さ控えめ。奶油（カスタードクリーム）も食べてみたが、これも甘さ控えめだった。さっぱりしすぎていてやや物足りないと思う部分もあるが、焼きたてをいただけるのはありがたい。そして、この店舗でも臺鐵便當の委託販売がある。


　彰化から嘉義までの間には発達した市街地を抱える都市はなく、駅弁も駅麺も乏しい。こういうエリアでこそ、自強号や莒光号をフル活用だ。自強号に乗っても70kmまでは区間車運賃の1割引きとなるICカード特例を存分に活用して、自強号が停車する員林《ユエンリン》駅と田中《ディエンジョン》駅、そして斗六《トウリウ》駅を探訪することにした。そして、このなかで最も駅なかが充実していたのは、員林駅だった。

　高架ホームから階段を下りて改札を抜けると、目の前にコンビニエンスストアと喫茶店。その間を通り抜けてガード下に出たところに、まるで観光夜市のような屋台街が形成されていた。その名も、「員林観光市場」。ガード下だから雨天でも問題なく利用できるし、台北駅2階フードコート「台湾夜市」のような建物内の空間ではないから開放感がある。観光夜市がそっくりそのまま駅直結のガード下に設置されたような施設なのだ。これをこの世の桃源郷と呼ばずに、なんと呼ぼうか！

彰化駅島式ホームの紅豆餅店。台湾ではきわめて珍しい光景

最も賑わうのは夜だが、午前中から営業している店もある

屋台街には、麺類を主力メニューとする店も多い。選択肢があまりにも多すぎて、困ってしまう。まずは、高鉄台中駅で食べ逃した意麺から攻めようか。そう思って白羽の矢を立てたのは、屋台街のほぼ中央に位置し、看板に「鍋焼意麺」の記載がある「原福味」という店。いや、厳密にはこれが店名なのかどうかも、よく分からない。というのも、ステンレス製の骨組みに取りつけた看板には、メニュー名やら「不添加味精」などの表示（これは「旨味調味料を使っていません」の意味）、「古早味」「老店」などの売り文句（これらはそれぞれ「昔ながらの味」「老舗」の意味）などがいろいろ描かれているので、どの表記が店名なのか判然としない状態なのだ。店主に聞こうにも、言葉が通じない。なかには、「おやつ」などと日本語表記の看板を掲げている屋台もあるけれど、実際には日本語どころか英語も通じない。

ともあれ、メニュー一覧から指さしで鍋焼意麺をオーダー。値段は、65元（241円）。屋台料理としてはそれほど安い部類ではないが、鍋焼きということは時間をかけてしっかり煮込むわけで、手間がかかるのだから妥当な価格帯だろう。そのくらいに思って待っていたら、想像をはるかに超えるボリューミーな料理が運ばれてきた。

ひと言で表現するなら、これは〝揚げ麺ちゃんぽん〟だ。スープはかき玉仕立てのため白濁しており、その海の中に具材の山が聳えている。具材の種類がとても多く、細切れの豚肉、鶏団子、さつま揚げのようなもの、小さな摃丸、すいとんのようなもの、イカ、キャベツ、ニンジン、キクラゲ、エリンギ、そしてペンギンの形をしたかわいらしいカマボコ。薄い塩味のスープには玉子の旨みが浸透し、飽きのこない味わいに。そして、揚げることで香ばしさが強調された麺。この香ばしさが、薄味のスープと絶妙に合う。

鍋焼意麺はスープがアツアツなので、冬場に食べるといっそう美味しく感じそうだ

屋台料理の麺類は概してボリュームが控えめなのに、この鍋焼意麺は成人男性の胃袋までをも埋め尽くす。これだけお腹いっぱい食べて65元では、申し訳なく思うくらいだ。これは、屋台の醍醐味だなぁ。

勢いづいた私は、この屋台街でもう一杯食べることに決めた。台北駅や台中バスターミナルで出合えなかった屋台料理の定番、とろみのある大腸麺線がいいな。そう思って麺線店に行くと、若い女性店主が大きな鍋をひっくり返して「没有《メイヨウ》」とひと言。売り切れだ。牛肉麺は台北でたらふく食べているし、酸辣湯麺を扱う店があれば食べてみたかったけれど見当たらない。あとは、板條か。高鉄苗栗駅で食べているけれど、あれはまぜそばスタイルだった。スープ麺スタイルの「湯板條」は、まだ食べていない。

湯板條を扱っていたのは、おそらく店名ではないであろう「排骨酥麵」を看板に掲げている店。つまり、店名は不詳。排骨酥麵は、小さめの骨付き豚スペアリブを揚げてスープ麺にのせた料理。要するにパーコー麺だ。麺を板條に変えることができるのだが、注文するとまたもや「没有」の返事。これも売り切れか！

こうなると、もはや排骨酥麵を注文する理由はなくなる。そこで、軽めであろう炒め麺から、炒蚵麵をチョイスした。台北駅の2階で蚵仔麵線を食べている私は、この字面を見て「カキを使った焼きそばだな」とすぐに分かった。当てずっぽうで巡っていても、ちゃんと経験値が上がっているのだ。値段は40元（148円）。日本では考えられない価格帯だ。とてつもなく安いのに、美味い。これぞ、台湾屋台の真骨頂だ。

四角形の皿にこんもりと盛られた、塩味の焼きそば。具材は、ニラ、モヤシ、カキ。シンプルなだけに、味が分かりやすい。ひと口食べて、「美味い」と頷く。モヤシやカキから水分が出るためなのか、全体的にややウェッティな印象。油も少々強めだが、食べれば食べるほど食欲をかきたてられ、ある程度腹が膨れた状態で食べても抵抗なく喉を通った。すっかり調子づいた私は、肉絲炒飯（50元＝185円）まで追加注文してしまった。

これだけ食べても、日本円換算で300円少々。日本で食べたら、1000円は下らないだろう。もう、この高架下に小屋を建てて住んでしまいたい。

裏口に佇む、穴場的駅麺　～嘉義駅～

員林駅から南下していくと、車窓風景にヤシの木やバナナ畑が目立つようになってきた。改めて、台湾は沖縄よりも緯度が低いのだと実感する。その光景は、二水駅から分岐（便によっては田中駅や彰化駅まで直通運転）する集集線に乗り換えると、いっそう色濃くなる。

台鉄集集線は、西部幹線から分岐する枝線のなかでも、とりわけ鉄道ファンの人気が高い路線だ。ほかの枝線は北部に集中しており、台鉄としては台湾中部以南で唯一の枝線だから、車窓風景が特徴的なのだ。特産のバナナをデザインしたラッピング列車も運行しており、観光ムードを高めてくれる。

沿線中で最も乗降者が多い集集駅や、その先の水里《シュイリ》駅、車埕駅からは、バスに乗り換えて日月潭へもアクセスできる。日月潭は台湾八景に選出されている人気の観光地で、先住民族のテーマパーク「九族文化村」やロープウェイ、湖をめぐる遊覧船などがある。私も、「もしかしたら日月潭ロープウェイの駅に駅弁や駅麺があるかもしれない」と考えて、日月潭まで行ってみた。結論としてロープウェイ駅のレストランには駅麺と呼べるようなメニューがなかったのだけれど、湖のほとりで心を静め、長い旅路の疲れを癒すひとときになった。

小粒でも、旨みがしっかり感じられるカキ。全部で9個入っていた

話を本筋に戻し、西部幹線を南下して嘉義駅に到着。翌朝に阿里山森林鉄路で奮起湖《フェンチーフー》へ行く予定なので、今夜はこの街で宿泊する。嘉義駅近くにはホテルが多いし、バックパッカー向けのドミトリーもある。私は、もっぱらドミトリー派。サッと寝てパッと起き、朝早くから夜遅くまで行動するのに向く機能性がありがたい。もちろん、価格が安いことも重要。嘉義駅周辺のドミトリーは、台北や台中、高雄あたりと比較するとやや高めではあるが、それでも1500円前後で一泊できる。世界各国からやってくるバックパッカーと旅談義をすることもできるし、電子レンジや調理器具、食器などもすべて揃っている施設が多いから、市場で買った食材を自ら調理して食べることも可能。自由度がたいへん高い。

さて、ドミトリーにチェックインする前に、嘉義駅の探索を済ませておこう。古くから市街地が発達している前站（表口）は狭隘で、店舗の出店余地がない。店舗があるとしたら、バスターミナルと直結している後站（裏口）だろう。その読みが、ズバリ当たった。

広大な待合室の一角に、臺鐵便當の販売店（ここで、高雄製に変わっていることを確認）とコンビニエンスストア「全家便利商店」。そして、改札を出て左手の駅舎出口脇に、コンビニエンスストア型の売店「幸福巴士」。

「うーん、物販店ばかりで飲食店はないのか」と思いつつ、個人経営と思われる幸福巴士を覗いてみると、「麵」と書かれた小さな置き看板が出ていることに気づいた。そして、店頭には小さな丸テーブルが3つ。店番のお婆さんに「麵はここで食べられるのか?」と聞いてみると、「是《シー》」の返事。おぉ、これはまさしく私が望む、簡易的麵類店ではないか!

丸テーブル上に置いてあったメニュー表を見て、鍋焼冬粉《ドンフェン》をオーダー。員林駅で食べた鍋焼意麵がとても印象深いもの

集集線のラッピング列車（集集駅にて撮影）。車内全体にバナナが描かれている

見た目の印象よりもはるかに洗練された味わい

だったから、ここでも〝鍋焼〟の文字列が入っているものを選んだ。そして麺は、これまでに食べたことがない冬粉を。

冬粉は、見た目には米粉に近いのだが、原料が違う。米粉はその名のとおりコメを原料とした、ビーフン。冬粉は、緑豆や芋などを原料に作られる、いわば春雨だ。春雨を使った熊本のソウルフード的麺料理「太平燕《タイピーエン》」に近いものが登場するのだろうか。

店の奥でお爺さんが調理し、お婆さんが配膳。紙製の使い捨て容器で提供された。熊本の太平燕は白濁豚骨スープだが、鍋焼冬粉はあっさり塩味スープ。そして員林の鍋焼意麺と同じく、具だくさんだった。大きな摃丸、カニカマ、青菜、キクラゲ、モチモチ食感のさつま揚げ、ニンジン、カマボコ、しっかり煮込まれてかき玉状になった玉子。そして仕上げに、甘みのある甜面醤《テンメンジャン》のようなソースを少々。

調べてみると、必ずしも「鍋焼＝かき玉」ということではないようなのだが、スープの旨みに厚みが出るかき玉は、より日本人の好みに合う。麺自体にあまり味がない冬粉に合わせても、物足りなさはまったく感じなかった。しかもそのスープは、アツアツなのだ。熱いスープは塩味を感じやすいから、薄味のスープでも充分美味しい。また、摃丸をメイン具材とすることで、旨みと塩気にさらなる厚みを演出している。これは美味いなぁ。不思議と台北エリアではあまり見ないメニューだから、台湾へ旅行したことがあっても鍋焼麺は知らない、という人が多いかもしれない。間違いなく美味しいので、台中以南へ足を延ばすのなら絶対に食べてみてほしい。店名を直訳すると、「幸せのバス」。私にとっては、まさに幸福感をもたらしてくれるバスターミナル直結駅麺だった。

あこがれの阿里山森林鉄路

阿里山森林鉄路の朝は早い。毎日運行する阿里山1号は、森鉄嘉義駅を9時ちょうどに出発する。平日は、北門までの区間列車を除くと、この1便のみ。土日祝には8：30発の中興号と9：30発の阿里山3号が増便されるが、それでも1日3便。台中や高雄に投宿したのでは、朝がたいへん忙しくなる。阿里山森林鉄路への乗車を考えるなら、前夜は嘉義で宿泊したい。

阿里山森林鉄路は、日本統治時代の1908年に嘉義～竹頭崎（現在の竹崎《ジューチ》駅）間で開業した、森林資源の輸送を目的に敷設された鉄道。その後路線延伸を経て、1920年から旅客輸送が行われている。現在は、嘉義～沼平《ジャオピン》間の阿里山線を軸に、沼平から先に祝山線と眠月線の支線がある。ただし、阿里山線の途中にある十字路《シーツルー》駅から先は自然災害などでたびたび運休となる。嘉義駅発の阿里山号で行けるのも、十字路駅まで（中興号は奮起湖駅まで）だ。

阿里山号は、基本的に全席指定。特に土日祝は満席傾向なので、乗車日が決まっているのなら事前に予約しておいた方が確実だ。インターネットを通じて、日本からでも予約できる。チケット売り場は、台鉄と共用の嘉義駅前站の外側にある。日本国内で予約した場合にはチケット引き換え時にパスポートが必要になるので、ホテルに置き去りにしないよう注意を。

観光列車だけに、運賃は高めだ。嘉義から十字路まで、阿里山号で片道459元（1698円）。奮起湖までだと、阿里山号で384元（1421円）、中興号で345元（1277円）。日本の感覚だとそう高く感じないかもしれないが、459元あれば台鉄の莒光号で台北から嘉義まで乗車できる。

日本の黒部峡谷鉄道や大井川鐵道と姉妹関係にある

ふたつのヘッドライトが目のよう見える、愛らしいフォルムの阿里山号

阿里山森林鉄路固有の改札はないので、台鉄の改札を入って、右へ。１番ホームの奥、日本なら「０番線」と名付けるであろう場所から出る。発車10分前くらいに、小ぶりのディーゼル機関車を先頭に入線すると、待ってましたとばかりに鉄道ファンがカメラを構える。阿里山森林鉄路は嘉義駅で折り返して運転するので、入線時に機関車が先頭ということは、実際の走行時には機関車が後ろから押して進む形になる。登りは押して、下りは引くわけだ。

機関車は、台湾車輛製のＤＬ51。運転士が立ち上がると頭をぶつけてしまいそうなほど、天井が低い。なんだか、テーマパークの遊戯的な機関車のように見える。こんなに小ぶりな機関車で急勾配を登れるのかと、ちょっと心配になる。

客車もまた小さい。シートは３列（２＋１）で、それでもなお中央通路がかなり狭く感じる。大荷物を携えての乗車には向かないので、デイパックひとつ程度の身軽なスタイルで乗車するのがベストだ。ただ、阿里山中に宿をとる観光客も少なくないことから、各車両に大きな荷物を置ける棚が設置されている。キャリーバッグなどは、ここに収納しておくといいだろう。

定刻どおりに嘉義駅を出発して、最初に停車するのは北門《ペイメン》駅。ここまでは通勤・通学客の利用もある区間で、平地を走る。しかし、北門駅を出ると徐々に人里から離れ、登り勾配がきつくなってくる。右に左にカーブを切るたびに、車輪がキーキーときしむ。走行中は、揺れも結構激しい。景色が開けたポイントではカメラを片手に車内を移動

交力坪駅にて、乗客に手を振る駅員

乗降者でごった返す奮起湖駅。線路上を歩行する人も多い

する人も多いのだが、特に窓を開けて写真を撮る場合には、カメラなどを落とさないよう注意が必要だ。また、車体の幅ギリギリのサイズに掘られたトンネルも多いので、窓から手や顔を出すのは控えた方がいい。

車窓からの眺望は、どちらかというと北側（登り便の場合、進行方向向かって左側の2人掛けシート）の方がよい。駅舎も、たいてい北側にある。車窓風景や駅舎を写真におさめたければ、2人掛けシートを希望するといい。そうはいっても、ひとりで乗車する場合には、1人掛けシートになってしまうことが多いだろう。その場合には、連結部近くの開閉可能な窓があるスペースを狙うべし。座るのは諦めて、ずっとこのスペースに立って乗るくらいの根性が必要。このスペースを狙うライバルが結構多いので、眺望のよいポイントに差し掛かってから移動したのでは、場所の争奪戦に勝てない。

奮起湖までの間の停車駅は、北門、鹿涌、竹崎、樟脳寮、独立山、梨園寮、交力坪、水社寮の8つ。これらの途中駅で乗降する人は少ないのだが、駅によっては駅員が配置されており、発車時にはホームに立ち、手を振って乗客を送り出してくれる。

嘉義駅を出てから、約3時間。座り疲れてお尻が痛くなってきた頃に、阿里山号は奮起湖駅のホームに滑り込んだ。

奮起湖駅弁80年史　～奮起湖駅～

奮起湖は、地名に「湖」が入っているが、湖のほとりにあるわけではない。急峻な山中に開けた老街《ラオカイ》（古い街並み）が人気の観光地だ。駅を出るとすぐ目の前が車では入り込めないような老街で、まるで駅舎も老街の一部を形成している

かのような光景が広がる。

その駅舎に併設される形で営業しているのが、「奮起湖登山食堂」。店名は食堂だが、主力商品は「鐵路便當」。テイクアウト価格に30～40元程度上乗せすることで、スープや高山茶の飲み放題が付いたイートインが可能だ。

観光地だけに、弁当の価格は高め。全部で7種類あり、いちばん安い「香炸排骨」でも120元（イートイン160元＝592円）する。いちばん高いのは「茶油雞」で、140元（イートイン180元＝666円）。それほど大きな価格差ではないし、やや訪問難度が高く次に来るのがいつになるか分からないので、印象に残りそうな茶油雞を食べてみることにした。なお、すべての弁当には鉄道にちなんだ愛称が付されている。香炸排骨は「光復特快」、茶油雞は「奮起號」。「阿里山號」の愛称が付されているものがあればそれにしようと思ったのだが、不思議と見当たらなかった。ウッディな店内に入り、スープと高山茶をセルフサービスで汲んで、さらに一緒に置いてあったタピオカ入りの甘い紅茶もいただいて、スタンバイOK。

臺鐵便當よりもはるかに値が張るだけあって、弁当はなかなか豪華で見栄えがよいものだった。白飯がほとんど見えないくらい、四角い経木の容器いっぱいに惣菜が敷き詰められている。中央に鎮座するのは、鶏モモ肉の煮もの。お茶の実を原料とする茶油を使っているのだという。日本ではあまり知られていない茶油は、台湾では健康食材として重宝されている。栄養価がオリーブオイルよりも高いうえ、オレイン酸を多く含むため酸化しにくく美味しいと評判なのだ。しっかり煮つけることで鶏の脂が適度に抜け、さっぱりした味わいに。それでいて、茶油が絡むことでパサつきを抑えてある。これは理に適った料理だ。

その脇を固めるのは、タケノコの煮もの、湯葉煮、小松菜のような青菜炒め、

鉄道車両を模した注文口が印象的な「奮起湖登山食堂」

彩りもよい「茶油雞」。煮玉子が入らないだけでなく、梅干しが入るのも珍しい

キュウリ、ニンジン、妙に甘い梅干し、甘辛い佃煮のようなもの。煮玉子が入っていないところが、臺鐵便當を中心に食べてきた私にとっては少々意外だった。メニュー一覧に掲載されている写真を見ると、どの弁当にも煮玉子は入らないようだ。

弁当も充分美味しかったのだが、それ以上に感動したのが、タケノコのスープと高山茶だ。スープにはタケノコのほかに高菜も入っており、適度な塩味が深みを演出。タケノコは、シャキシャキした食感を残しつつ、穂先の部分はやわらかい。食感にアクセントを加えるだけでなく、一体感をも生み出している。全体のバランス感がとてもよく、日本人の舌にもよく合う味だ。おかわりを何回したかな。それすらも分からなくなるほど夢中になって飲んだ。高山茶も、お茶の香りがとても濃いのにイガイガした雑味はなく、上品でとても美味しかった。これも3〜4回くらいおかわりしただろうか。40元足すだけで、満足度がかなり高まること間違いなしだ。ただし、タピオカ入りの紅茶は、私の舌にはあまり合わなかった。タピオカの食感がカエルの卵を連鎖想起させ、すんなりと喉を通らなかった。これは、おかわりすることなく終わった。

山を下る列車の時間までだいぶあったので、老街を少し散策してみる。すると、あちらこちらに「鐵路便當」を売りにする店があることに気づいた。これはもはや、街全体の名物だ。

奮起湖駅弁の歴史は古く、戦前までさかのぼる。当時は現在よりも列車のスピードが遅く、早朝に嘉義駅を出発する列車がちょうど昼頃に奮起湖駅に到着していた。また、奮起湖駅にはスイッチバック式の交換設備があったことから、少なからず停車時間が発生していた。そこで、多くの乗客や乗務員が、ここ奮起湖駅で昼食を調達するようになったのだ。

当初は駅周辺の食堂スタッフが呼び込みを行い、客はいったん駅の外に出て食事をしていた。また、戦前には奮起湖駅ホームでそばの販売、つまり駅そば店があったという。その後、1940年代に駅そばや食堂の呼び込みから弁当販売に切り替わり、奮起湖駅弁として定着することになったのだ。

この説明書きを見つけたのは、老街の中心部にある「奮起湖大飯店」の店頭。そして、この奮起湖大飯店こそ奮起湖駅弁の発祥店なのだ。すでにお腹はだいぶ膨れていたが、この事実を知ってしまったら食べずに去るわけにいかない。

奮起湖大飯店でも、弁当のイートインができる。弁当は2種類あり、「炫風烤雞腿」が160元（592円）、「戦斧軟焼肉＋炫風烤雞腿」が180元（666円）。イートインでも価格は同じで、セルフサービス形式のスープが付く。1940年代に販売していた弁当が「戦斧軟焼肉」なので、本来ならこれを食べるべきだったのだろうが、「内用」を伝えるつもりが誤って「炫風烤雞腿」を指してしまった（メニュー表の写真がイートイン仕様になっていた）ため、こちらでオーダーが通ってしまった。

もうひとつ、がっかりなことがあった。メニュー一覧にはイートインだと1940年代の弁当を復刻したアルミ製容器で提供される旨が記されていたのだが、混雑が激しく容器が足りなかったのか、テイクアウト用の使い捨て容器で提供されてしまった。うーん。

それでも、味は格別だった。中央にドンと、大きな骨付きの鶏モモ肉。その周囲に、キクラゲの炒めもの、煮玉子（半分）、青菜炒め、甘辛い佃煮のような付け合わせ、穂先タケノコの炒めもの。白飯が見えないどころか、留めている輪ゴムを外した瞬間に蓋が勢いよく跳ね上がるほど、パンパンに惣菜が詰め込まれていた。鶏モモはジューシーながら脂のし

奮起湖大飯店の「炫風烤雞腿」。アルミ製弁当箱で食べたいなら、混雑時を避けた方が確実

つこさはなく、適度にスパイス感があって美味しい。モモ1本をまるごと使っているから、かぶりつく醍醐味も楽しめる。そして、あっさりした味付けの青菜とタケノコで口直しができるのもうれしい。スープは、モヤシと椎茸のあっさりしたもの。登山食堂のスープほど塩味はなく、お茶を飲むような感覚でいただけた。インパクトこそないものの、これはこれで美味しい。

アルミ製容器で提供されなかったことが悔やまれ、店を出るときに土産品として販売しているステンレス製弁当箱を購入。ステンレス製弁当箱は台北駅などにある「臺鐵夢工房」でも販売しているが、奮起湖大飯店の弁当箱はオリジナルデザインなので、ここでしか手に入らない。この弁当箱がいつどこで活躍することになるのか分からないが、胸のつかえが少しだけ和らいだような気がした。

ステンレス製弁当箱は中が二層構造になっており、白飯とおかずを別々に盛りつけられる

第4章

南部の二大都市をゆく

ベジタリアン向けの「素食便當」～高鉄台南駅～

台湾南西部には、人口が100万人を超える都市がふたつ南北に並んでいる。台南市と、高雄市。どちらも、活気のある大都市だ。しかし、鉄道網をくらべてみると、発達度がずいぶん異なる。台南市の中心部には台鉄の台南駅があり、ここから枝線の沙崙線を経て高鉄台南駅に接続している。市内を走る一般旅客鉄道は、台鉄の西部幹線と沙崙線、そして高鉄のみ。一方の高雄市は、台鉄西部幹線と高鉄に加えて、MRTが2路線、そして港湾部へのアクセスに便利な高雄環状軽軌（ライトレール）が運行している。しかも、高鉄は左営駅で台鉄西部幹線とMRTの両方と接続している（台鉄は新左営駅。台鉄の左営駅は別途存在する）ので、相互乗り換えもスムーズだ。つまり、高雄市にくらべて台南市は鉄道網の整備があまりよくないと言える。鉄道が不便という点では台中市に似ているが、台中市は高鉄と台鉄西部幹線が直接接続しており、目下急ピッチでMRTの建設も進んでいる。台南市でも、2016年にようやくMRT建設計画が提出されたが、開業は早くても2025年。まだしばらくは、鉄道ファンが根を下ろしにくい街であり続けるだろう。

鉄道網が不便だと、道路事情も悪くなる。これも台中市の現状と同じだ。台南市の中心部を走る大通りはどこも交通量が多く、慢性的に渋滞が発生している。業を煮やしたバイクが信号を守らずに走るから、歩行者にもリスクが及ぶ。信号を無視するバイクは、台北や台中よりはるかに多い。7本の幹線道路が集中する、国立台湾文学館近くのロータリー形式の交差点が、特に酷い。ただでさえロータリー形式の交差点は日本人にはあまり馴染みがなく歩きにくいのに、

沙崙線に乗り入れる列車は、すべてEMU600型（沙崙駅にて撮影）

そのうえ信号まで守られないのだから、道路を横断する際には細心の注意が必要だ。台湾人の直後を追って横断するくらいの感覚の方がいいかもしれない。

そんな台南市の中心部にある台南駅は、100万都市の代表駅とは思えぬほどコンパクトな駅舎だった。駅前のロータリーもたいへん狭く、駅前を走る幹線道路も道幅があまり広くない。全体的に窮屈に感じる街並みに比して、車やバイクが極端に多い。

その駅舎には、改札内のコンビニエンスストアで臺鐵便當の委託販売があったものの、飲食店は見当たらなかった。目下、駅舎の2階部分で大規模な改修工事が行われており、将来的にはレストラン兼宿泊施設になるという。しかし、たとえそのレストランで麺類の提供があったとしても、駅麺と呼ぶにはいささか敷居が高いものになりそうだ。

台南駅は早々に諦め、沙崙線直通の列車で終点の沙崙駅へ。沙崙駅からは、連絡通路を経由して建物の外に出ることなく高鉄台南駅に到達できる。

高鉄台南駅には、コンビニエンスストアやモスバーガーのほか、寿司のテイクアウト店、臺鐵便當の販売店に高鐵便當の販売ブース、それに簡易的な土産物店などが入居していた。しかし、いわゆる飲食店がない。東海道新幹線の「のぞみ」に相当する速達タイプの列車も一部停車することから推して、高鉄駅のなかでも乗降者数は比較的多いはず。飲食店の需要もあるだろうに。

不思議に思いながら駅構内の探索を続けると、1階（改札は2階）北側の区画で大規模な工事が行われていた。そして、大きな貼り紙が出ていた。

「深緣及水　早午餐／下午茶／烘焙／麵食／簡餐／便當　11月即將開幕與您相見」

台湾語をちゃんと理解していない私でも、なんとなく意味は分かる。すなわち、

「深緣及水（これは店名）　モーニング・ランチ／午後のお茶／ベーカリー／麺類／軽食／弁当　11月オープン」

決して豪華ではないが、食べ疲れない味覚にホッとする

ということだ。私が訪問したのは、10月22日。来るのがちょっと早かったか。残念だが、ここはいったん引き上げだ。

ただ、単純に引き上げるだけでは芸がないし、台南市内で何も足跡を残さずに終わることになってしまう。それだけは避けたいという一心で、臺鐵便當とテイクアウト寿司を買って食べてみることにした。

台鉄沙崙線との接続があるとはいえ、ここは高鉄の駅。なぜここに臺鐵便當の販売店があるのか、ちょっと不思議だ。それも、コンビニエンスストアなどでの委託販売ではなく、専用売店が設置されている。さらにその立地は、なんと高鉄の改札内。高鉄の改札内で臺鐵便當を購入できるのは、私が知る限りではここだけだ。

店舗があるのは改札内だが、ラチの外からでも商品の受け渡しができるようになっていた。このときには高鉄フリーパスを持っていなかったので、これはありがたい。60元のベーシックな弁当は高雄駅で買うと決めているし、そもそも高鉄台南駅の販売店では60元弁当を扱っていなかったので、4種類あるなかから80元（296円）の「精緻素食便當」を選択。経木製の、八角形の容器に入った弁当だ。本書を最初から熟読している人なら、うんうんと頷いてくれるだろう。

「素食」とは、肉類を使っていないという意味。つまり、ベジタリアン向けの弁当だ。蓋を開けてみると、もっとも目立つ位置に焼き魚のように見える食材が配置されている。一瞬、「魚は肉とはみなされないのだろうか？」と疑問に思ったのだが、ひと口かじってみてその疑問は瓦解した。これは魚ではなく、魚に似せた大豆ミートだ。ご丁寧に、海苔を使って皮まで再現している。なるほど、だから商品名に「精緻」が付いているのか。そのほかの惣菜は、キャベツ・ニンジン・

キクラゲの炒めもの、椎茸煮、がんもどきのようなもの、インゲン、パプリカ。見事に野菜類だけで構成されていた。

味付けは例によって全体的に薄いから、野菜だけでは旨みが足りないのではないかと心配されるところ。しかし、大豆ミートが予想以上の旨みを内包しており、ご飯も進んだ。食後にも一定の満足感が得られた。五香粉の香りもほとんどないので、大きな排骨や台湾料理全般に疲れたときには、敢えてこちらを選択する手もありそうだ。

一方のテイクアウト寿司は、台湾全土の駅構内で頻繁に見かける「争鮮」というチェーン店で購入。寿司人気は台湾でもたいへん高く、テイクアウト形式の寿司店が入居する駅もよく見る。台鉄だけでなく、高鉄や各都市のMRT駅構内（改札外）にもある。イートイン席を備えた店や、回転寿司スタイルの飲食店として入居している場合もある。

争鮮では、パック詰めされたセットもののほか、専用パックに客が自分で1貫ずつ詰めていくアラカルト方式にも対応している。ただし、アラカルト方式だとセットものよりやや割高になる。品揃えから察するに、台湾ではマグロやハマチ、イカなど日本で人気が高いものよりも、サーモンや茹でエビなどが人気のようだ。価格は、私が買ってみた10貫のセットで、90元（333円）。日本の感覚だとわりと安く感じるだろうか。しかし、60元からある臺鐵便當などとくらべると、決してコストパフォーマンスがよいとは言えない。味覚的にも、シャリの握り方が硬く（おそらく機械で握っているのだろう）、ネタ自体も日本で食べるものよりだいぶ旨みが弱いように感じた。全体的に、脂がのっていた方が美味しいネタに脂がのっていない印象だった。

ネタの構成が日本の寿司とはだいぶ異なる。右端はカニカマの寿司

新しいだけあって、シックでおしゃれ。店員は、片言ながら日本語を操っていた

おしゃれな駅麺店が新規オープン　～高鉄台南駅～

高鉄台南駅の「深縁及水」で食べられなかったことが、悔やまれて仕方ない。帰国の飛行機に乗る前から、すでにモヤモヤとした再訪願望が渦巻いていた。帰国して、原稿を書き進めるうちにその願望はどんどん強まり、終いにはペンがまったく進まなくなってしまった。これは早々にもう一度台湾に行かないとダメだ。「深縁及水」のオープンは11月で、日付までは分からない。行くとしたら、12月。気づくと、私は12月12日出発の桃園行き航空券を手配していた。ここで再度取材に出るとなると、出版スケジュールが大幅に狂うことになる。それでも、行かずにはいられなかった。というわけで、ここでいったんカレンダーを進めて、12月の再取材時の話を挟む。

約1カ月半ぶりに高鉄台南駅に降り立つと、一目散に北側の工事中だったエリアへ足を運んだ。工事の遅れなどでまだオープンしていなかったら、悲惨の極致だ。しかし、そんな一抹の不安をよそに、間口の広い飲食エリアは全面オープンしていた。「深縁及水」は、ラーメンの「一風堂」や喫茶の「スターバックスコーヒー」と並ぶ形で営業していた。

喜び勇んで入るのだが、メニュー表を見て一瞬たじろいだ。想像していたよりも、だいぶ高級だ。麺類はすべて副菜やスープ、デザート、ドリンクとのセットになっている。価格は、２５０～３２０元（９２５～１１８４円）。うーん、高鉄価格だなぁ。麺類単品でいいのだから、１５０元くらいで出してほしいな……というのが率直な感想だ。それでも、ここを目当てにわざわざ再取材にやって来たのだから、意を決して食べよう。この店は「關廟麺《カンミャオミエン》」が売りとのことなので、２５０元のメニューから「關廟拌麺」を選んでオーダーした。

關廟麺は、台南市南部の関廟区で伝統的に製造されている麺。手延べの麺を竹かごの上に並べ、天日干しにするのが

特徴だ。日本に例えるなら、稲庭うどんの製法に近いだろうか。太い縮れ麺か細いストレート麺で、スープ麺よりもまぜそばスタイルで食べるのが一般的。深緑及水では、細ストレート麺を使用し、麺類メニュー6種類のうち5種類がまぜそばスタイルになっている。

実際に食べてみると、あまりコシはなく、比較的やわらかい麺だった。台北駅「鼎記」で食べた油麺に近いだろうか。絶大なインパクトがあるわけではない。どちらかというと素朴で、安心感や懐かしさを覚える麺だ。具材は、豚ロースのさっぱりしたチャーシュー2枚に、肉そぼろ、モヤシ、ニラ。日本の古典的な街中華でラーメンにトッピングするような脂身のないチャーシューをのせているのがやや意外だった。

セットになっている副菜は、煮玉子、トマト、タケノコイモと思しき芋煮。スープは、「牛肉湯」か「雙丸湯」から選べる。雙丸湯は摃丸と魚蛋が入ったスープだと、わずかながら日本語を話せる若い女性店員が教えてくれた。「雙」は「双」の繁体字だから、丸（だんご）が2種類入るわけか。私はとにかく摃丸の大ファンになってしまったので、迷うことなく雙丸湯を選択。食べてみると、摃丸も魚蛋も似たような食感で、違いがあまりよく分からなかった。ほかの店で食べた魚蛋は、もう少しやわらかかったように思うのだが。それでも、プリプリの弾力と確固たる旨味は健在で、美味しかった。カタクリで薄くとろみをつけ、ニンニクを強めに利かせてあるのも好印象だった。加えて、デザートのチーズケーキ、ドリンクのアイスティーがセットに含まれていた。

値段だけ計算外だったが、味は悪くなかったし、なにより台南らしい駅麺をひとつ確保することができた。執筆スケジュールを遅らせてまで再取材に来た甲斐は、あったと思う。

想定外の、賑やかな食事。お腹がいっぱいになるので、何軒も巡りたい場合には不向き

高雄市の玄関口で、怒涛の3杯　～新左営駅～

カレンダーを10月に戻し、南下を続けよう。台南市と高雄市は隣接しているので、あっという間に行き来できる。自強号だと、台南から新左営までわずか30分前後だ。高雄市の中心部は、新左営ではなく高雄駅周辺。しかし、高鉄が新左営駅で台鉄と接続したことで、高雄市街は二極化しつつある。経済や政治の中心は高雄駅付近で、ゲートウェイは新左営。新左営駅の台鉄改札内には、「鐵道檔案文物室」という入場無料の鉄道資料展示室がある。駅弁に関する展示もあり、これから行こうとしている東海岸エリアの情報収集ができた。このように、玄関口の駅では有用な情報を得られることが多い。

高雄市の玄関口で、しかも高鉄やMRTに接続しているため乗換客が多い駅。となれば、駅なかも改札外を中心に自然と発達する。駅直結の「グローバルモール」内を筆頭に、飲食店も多数入居していた。傾向としては、改札とフラットの2階に簡易的な飲食店、1階に洋風のカフェ、そして3階にはゆったりくつろげるダイニングタイプの飲食店が多い。言うまでもなく、私のお目当ては2階だ。

資料室では、アルミ製容器の駅弁も展示。かつてはこれが主流だった

まずは、グローバルモールの一番奥にある「北風蒸餃」に入ってみることにした。なぜなら、店頭に掲示されたメニュー一覧のなかに「湯板條」の文字列を見つけたからだ。高鉄苗栗駅でまぜそばスタイルの板條を食し、どこかでスープ麺スタイルでも食べてみたいと思っていた。そして、ようやく出合えた員林駅ガード下の屋台では売り切れていて食べられなかった。新左営まで南下してきて、ようやく雪辱を果たす機会に恵まれたわけだ。

店に入ると、レジ脇に注文用紙が置いてあった。これを1枚取って席に着き、食べたいメニューのチェックボックスにレ点を記入。席番号も記入してレジへ持って行き、先払い。あとは、席で待っていれば配膳してくれる。高鉄台中駅「翰

厨房が見える安心感。同時に、ワクワク感も高まる

林茶棧」とは別の意味で、香港の車仔麺を連想させるシステムだ。待っている間は、一部がガラス張りになった厨房内を見学しながら過ごせるから、退屈しない。日本では駅そば店で食事をする機会が多い私にとって、調理シーンが見える飲食店はこの上なく安心できる。

出来あがった湯板條を見て、少々驚いた。麺の太さが、高鉄苗栗駅で食べたものとはだいぶ違っていた。とにかく太いのだ。うどんを通り越し、きしめんをも通り越し、もはや山梨県の郷土料理「ほうとう」に近い。ただ、ほうとうと違って米粉で作られた麺なので、色が白い。小麦粉で作られるほうとうは、白は白でもアイボリーに近い白。これに対して湯板條は、漂白したかのような艶めかしい白さなのだ。

食べてみると、少しモチッとするがコシはなく、スッと歯が通る。麺自体には甘みや香ばしさがなく、とてもあっさりした味わいだ。極太麺で食べごたえがあるのに、あっさりしていて後を引かない。日本ではなかなか味わえない感覚だろう。

つゆは、基本的には薄味。しかし、ほんのりと醤油系の香りを感じる。色味もやや赤っぽい。トッピングされる肉そぼろの調味料が染みわたることで味が少々変わっているのだろうが、つゆ自体にも味が付いていると見受けた。肉そぼろ以外のトッピングは、鉄板のモヤシとニラ。

あっさりした麺にあっさりしたつゆなので、味に見た目ほどのインパクトはな

湯板條は65元（241円）。この価格でじっくり味わえるのはありがたい

ブランチ感覚で食べられる。有頭エビの殻を剥くのが若干面倒

く、食後に「店を変えてもう1杯食べたいな」と思わせる一杯だった。もともと何軒か巡る予定の私にとっては、むしろ好都合だ。

去り際に、おばちゃんが厨房内から笑顔で手を振ってくれた。言葉は通じなくても、心は通じたようだ。駅そば店で、食べている間中ずっと店員のおばちゃんと話し込み、「ごちそうさま」と言って去るときのような心の満足感が、そこにはあった。飲食店で満たせるのは、お腹だけではない。

続いて、グローバルモールの中ほどにある「周氏蝦捲」へ。高鉄台中駅でも見かけた店だが、ここは台南グルメを売りにする店。ぜひ台南エリアで食べたいと思い、台中では食べずにとっておいた。残念ながら台南市内の駅なかでは出合えなかったけれど、新左営駅で無事に再会できた。

メニューは、セットものが中心。ここで完全にお腹を満たすならセットメニューでもいいのだが、すでに湯板條を食べた後だし、ほかにも食べたいものがあるので、単品で台南担仔麺だけいただくことにした。値段は50元（185円）。セットメニューだと200元前後するから、単品の方がずいぶんお得に感じる設定だ。乾麺（まぜそばスタイル）と湯麺（スープ麺スタイル）があり、麺は米粉に変えることもできる。私は、湯麺を選択。麺はデフォルトで。

単品価格が安い理由は、提供されてみてわかった。丼が小ぶりで、量が少なめなのだ。帰国後に調べて分かったことだが、担仔麺は屋台などで手軽にサッと食べる「小吃《シャオチー》」で、手軽な一品大衆料理。一食をまかなう場合には、肉そぼろをかけたご飯の「魯肉飯《ルーロウファン》」などとセットで注文することが多い。なるほど、だからこそ「周氏蝦捲」でもセットメニューが中心になっているわけだ。

白っぽいストレート麺は、少しモチモチ感がある。日本の中華麺ほどには歯ごたえがなく、甘みや旨みも弱いが、これまでに食べた麺料理のなかではコシがある部類だ。台湾の麺料理には、日本のラーメンのような、噛み切るときに「キュッ」と音がするような硬い麺は、ほとんど使われない。総じてコシが弱く、やわらかい。そのなかで「周氏蝦捲」の麺は、やや日本の中華麺に近いものだと言えそうだ。

激辛で有名な日本の台湾ラーメンは、台南担仔麵から派生したものだと言われている。だから、台南担仔麵も相当辛いのではないかと覚悟していた。そして、見た目にはスープがやや赤い色をしており、辛そうに見える。しかし、飲んでみると辛みはほとんど感じなかった。細かく刻んだパクチーが入っていることもあって、ひと言では形容できない複雑な味わいに仕上がっている。動物系の香りもあり、エビの出汁も利いている。甜面醤のような甘みも感じる。小さな丼が、宇宙のような無限カオスの世界であるように感じられた。

そして、トッピングの有頭エビが「小さな丼の海は狭すぎる」と主張せんばかりの存在感を放っていた。エビ出汁のように感じたスープの味は、この有頭エビが決め手なのではないかと思う。また、エビと一緒に肉そぼろもトッピングすることで、豚の香りを増長させている。エビ、豚、パクチーがそれぞれ強烈に個性を主張し合い、悪く言えばケンカをしているのだが、よく言えばオーケストラのような華やぎを演出している。〝共演〟ではなく〝競演〟のイメージだ。

台湾でも南部の名物料理だけあって、東南アジア料理の味覚に近い。タイ料理のトムヤムクンから辛みを引いたような印象だ。ひと言で形容するなら、エスニック。考えてみれば、高雄市の500㎞南には、フィリピンのルソン島がある。沖縄よりもフィリピンの方が近いのだ。東南アジアテイストの料理に出合っても、まったく不思議ではない。

最後にもう一杯、台湾料理ではないのだが、ローカル業者が営むトンカツとカレーの店「塔庫先生咖哩」に咖哩豬排烏龍麵（カツカレーうどん）の扱いがあったので、食べてみることにした。こちらも、場所はグローバルモールの2階。「周氏蝦捲」の並びだ。値段は170元（629円）と高め。

美味しいことは美味しいのだが、違和感を拭いきれない

海外で食べるローカル和食は、だいたいどこかしら奇妙なところがある。20年以上前の話になるが、エジプトのカイロで食べた天ぷらの盛り合わせには、キュウリの天ぷらが入っていた。2016年にフィリピンで食べたたこ焼きには、イチゴジャムとサワークリームがかかっていた。高雄のカレーうどんは、果たしてどうか。今回の旅では、台北駅の地下街で「たらめん」という謎の和風麺料理を目撃している。それを食べ逃しているだけに、いたずら心がうずうずと湧いてきて、食べずにはいられなかった。

台北駅「鼎記」の咖哩牛肉燴麺と同じように、平皿で登場。温めたうどん麺に直接カレールーがかけられており、その脇にトンカツと生野菜サラダ。カツカレーライスの米をうどんに置き換えたような、日本ではおよそ見たことがないスタイルのカレーうどんだった。

うどん麺の湯せんに不慣れなのか、湯のなかで強引に麺をほぐしたとみえ、短く切れた麺が多数見られる。カレーは、スパイス感の強いやや辛口のもの。ここでも塩気が控えられており、ひと口でガツンと満たされるような味ではない。サラサラしたインドカレーではなくとろみがあり、日本式の家庭風カレーを再現しようとする意図ははっきりと感じとれた。

揚げたてのトンカツは、おそらく少量の油で揚げ焼きにしたものだろう。ところどころに焦げが見られ、衣がパラパラとはがれやすいものだった。ただ、味は悪くない。うどんよりもご飯に合わせたくなるトンカツだ。うどん麺や塩分控えめのカレールーに合わせると、脂身の旨みが勝りすぎる。

ちょっとおかしい海外のローカル和食。面白いなぁ。裏切らないなぁ。これまでの旅路では、日本で日常的に食べている蕎麦と出合えていない。どこかでローカル業者のそば店に巡り合えたら、試してみたいなぁ。

樂雅樂の日式便當を食べてみた　～新左営駅～

飲食店はグローバルモール内が中心だが、駅弁は改札を出てすぐ手に入る。臺鐵便當の販売店は2か所あり、どちらも5種類以上の品揃え。飲料や、少々の鉄道グッズも販売している。

それ以上に私の気を引いたのは、「樂雅樂」の弁当販売ブースだった。つまり、ロイヤルホストの弁当コーナーだ。これまでに高鉄台中駅と高鉄台南駅で見かけていたが、どちらも家庭餐廳（ファミリーレストラン）としてのロイヤルホストがあって、その近くに弁当販売ブースを出しているパターンだった。しかし、ここ新左営駅には弁当販売ブースだけあって、家庭餐廳としてのロイヤルホストが見当たらない。弁当販売ブースを単独で出店しているのだ。後に調べたところ、駅の外まで含めても、高雄市内には家庭餐廳としてのロイヤルホストは存在しないことが分かった。以前は新左営駅近くに1店舗あったようだが、近年閉店している。

これは、台湾に出店している日本企業の飲食店全体で見ても、異例なことだ。まいどおおきに食堂や一風堂も、それぞれ高鉄台中駅や高鉄台南駅に弁当販売コーナーを併設した店舗を出しているが、弁当販売ブースだけを単独で出店しているのは見たことがない。

こうなると、もう食べずにはいられない。扱う弁当は、2種類。どちらも日式便當を標榜するもので、丼ものスタイルが100元（370円）、幕の内スタイルが140元（518円）。臺鐵便當などとの比較をしたいという思惑があり、丼ものスタイルの方を購入した。

蒸気機関車型でかわいらしい臺鐵便當販売店

盛りつけがいまひとつ。キャベツの上に鶏肉を置けば見栄えがよくなりそう

宿泊先のドミトリーに持ち帰り、サッとシャワーを浴びた後、ロビーの共用スペースでご開帳。コンビニエンスストアで買ったタイガービールで喉を潤してから箸をつける。その場で食べることが前提になる駅麵と違って、駅弁は後でお腹が空いてから食べることもできる。特に飲食店などが少ないエリアを旅するときには、これが絶対的な長所になる。

紙製の円形容器に敷き詰めた白飯にのせられた惣菜は、鶏肉の炒めものがメインだった。日式を謳うからには五香粉を使っていないのだろうと思っていたが、ほんのりとニッキのような香りが感じられた。臺鐵便當ほどではないけれど、五香粉も使っているようだ。鶏肉は、モモ肉が中心。皮は丁寧に剥がしてあり、モモ肉にしてはさっぱりした味わいに仕上げている。そのほかの惣菜は、茹で玉子半分、キャベツ炒め、コーンとグリーンピースのミックスベジタブル。茹で玉子は、いわゆる煮玉子ではなく、味をつけずに茹でただけのもの。ミックスベジタブルを合わせるあたりは、ファミリーレストランらしいセンスと言えるだろうか。日本のミックスベジタブルはコーン・グリーンピース・ニンジンの3種で構成されることが多く、そのため「三色野菜」とも呼ばれる。しかし、ここではニンジンの姿が見当たらなかった。

全体的に、美味しいことは美味しい。ただ、ご飯があまり進まない惣菜の組み合わせであるように感じた。キャベツ炒めやミックスベジタブルはほとんど全部そのまま食べてしまった。ご飯を全部消費するには、鶏肉が少々足りない。鶏肉の量を増やすか、それが難しければ味を濃くする、あるいは旨みの強い皮を剥かずに使った方がいいのではないかと感じた。そう感じたのは、もしかしたらビールを飲みながら食べたからかもしれないが。

威風堂々たる旧高雄駅舎。後世に残す価値のある名駅舎だ

高雄の臺鐵便當は古早味？　～高雄駅～

新左営から、対号列車ならひと駅、区間車だと6駅。高雄駅にたどり着いた。高雄市の旧市街の中心に位置する駅だ。ホームは、2018年10月に地下化されたばかり。真新しい地下ホームに、ディーゼル機関車が古い客車をけん引して入線するシーンは、少々異様だ。地下ホームは音がこもるので、騒々しい。気動車は、地下走行には向いていないと思う。

地下化に伴って、1940年に建てられた（開業は1941年）旧駅舎はいったん役目を終え、曳家によって南東方向に移されている。現在は高雄鉄道地下化工事資料館として活用されているが、将来的には新駅舎の一部に組み込まれる予定だという。寺院風の外観がどことなく旧奈良駅舎を連想させるなと思っていたのだが、曳家によって移築するところまで共通していたとは、驚きだ。

現在は改札も地下にあり、取り急ぎ高雄MRT紅線との連絡通路だけ確保されている状態。各方面への出口は、まだあちこち工事中だ。動線が分かりにくいうえ、乗降者は最終的にタクシー乗り場脇の歩道に集約される。駅利用者の数を考えると、この歩道はあまりにも狭すぎる。せっかく利用者の動線を分散できる地下化がなされたのだから、早急な出口増設が望まれるところだ。

中折れ扉の古い車両。発着時には、扉ごとに係員が立つ（高雄駅ホームにて撮影）

鉄板の美味しさと、目先を変えた新鮮さが融合。各地で食べても、飽きない

このように未完成の駅であることから、駅なかの店舗はあまり多くない。飲食店は、台鉄とＭＲＴの連絡通路に少々ある程度。臺鐵便當の販売店は、東西それぞれの改札外にある。

嘉義、台南、高鉄台南、新左営の各駅では食べずに我慢してきた、高雄製の60元臺鐵便當。満を持して、購入だ。商品名は、「古早經濟便當」。台北、七堵、台中のいずれとも異なる名称になっている。「古早」は懐かしいという意味だから、和訳すると「懐かしいお値打ち弁当」ということになるか。やっぱり、「經濟」の文字列が私のプライドを少々引っ掻く。

待合室のベンチに腰を下ろして、早速いただこう。蓋を開けると、5種類の惣菜が目に飛び込んできた。台北は、4種類だった。七堵と台中は5種類だが、そのうちのひとつは付け合わせの漬物。これらも、実質的には4種類だ。ところが、高雄製には排骨、煮玉子、煮豆腐、青菜炒め、ザーサイ炒めと、正真正銘5種の惣菜が並んでいたのだ。少し得をした気分。

排骨は、よく言えばさっぱりしている。悪く言えば、少しパサつく。オイリーでなく、水気もやや少ない印象だった。乾坤一擲の意気込みで食べると物足りなく感じるかもしれないが、毎日食べるぶんにはこの方がありがたいかもしれない。煮玉子は、他地域のものと変わらず、安定して美味しい。煮豆腐も、台中のものとあまり変わらない印象だった。

個性的なのは、青菜炒めとザーサイ炒めだ。青菜は、台湾では見たことがない種類のもので、鼻をツーンと突く辛みがある。青臭さもなかなか強い。これはワサビ菜だろうか。鼻に抜ける辛みは、台湾ではあまり出合わない刺激だ。そしてザーサイは、甘酢炒めになっている。こちらも想定外の味覚。美味しいしご飯のお供にもなるのだが、ガバッと一気

に食べるとむせ返りそうだ。名称こそ「古早」だが、私にとってはとても新鮮な味覚の弁当だった。

紙箱の蓋に描かれた油彩画は、陳世雄氏の「阿里山奮起湖車站」。台中でいきなり「台鉄餐旅熊兄妹」が登場して面食らったが、高雄では風景画のみの郷愁溢れるデザインに戻った。どちらがよいかを問うのは、野暮だろう。でも、野暮を承知で言うと、私は風景画のみのデザインが好みだ。「遠路はるばるやって来たなぁ」という情感は、風景画の方が共鳴しやすいと思う。

南の牛肉麵は、少々刺激的　～高雄駅～

1989年12月18日。旧市政府（市役所）の向かいにあり、台湾初の大規模地下街として賑わっていた高雄地下街が、大火に見舞われた。地上にあった仁愛公園もろとも焼失し、跡形もなくなってしまった。

このような過去があるためなのか、現在、高雄市内には目立った地下街が存在しない。2008年に地下を走るMRT2路線（紅線・橘線）が開業しても、駅併設の地下街が整備されることはなかった。東西に走る橘線は、かつての高雄地下街のすぐ脇を通っている。当初はこの場所に「愛河駅（駅番号O3）」の名で駅が設置される予定だったが、市政府の移転もあって見送られた。現在、かつて高雄地下街があった場所に駅はなく、橘線の駅番号は「O3」が欠番になっている。

MRT各駅のうち地下に飲食店があるのは、私が訪ね歩いた限り（約半数の駅を訪問）では、台鉄との接続がある左営駅と高雄駅のみ。このほかに、紅線の高雄国際機場駅にも「TAKE TEN」という店があり、ナイフとフォークのピクトグラムが出ていたけれど、訪問時には営業していなかった。さらに麵類に絞ると、左営駅も脱落して高雄駅のみになる。

高雄駅には、台鉄の地下化に伴って新たに整備されたMRTとの連絡通路に、「捷運商場」と名付けられたモールがある。

香辛料の刺激に包まれながらも、牛肉のコクがしっかり感じられる

モール内には5店舗が入居しており、このうち2店舗が飲食店。まず、通路に面した目立つところに「翰林茶桟」がある。これは高鉄台中駅で訪問済み。高鉄台中駅と同じように麺やトッピングをカスタマイズして食べられることだけ確認して、通過。目当ては、その脇から狭い通路をずんずん入った先にある「原牛」だ。

この店は、その名からおおかた想像がつくように、紅焼牛肉麺をメインに扱う。そういえば、台湾駅麺の代表格とも言える紅焼牛肉麺を、台北駅を出て以来まったく食べていない。台湾の北と南でどのような違いがあるのかも気になるし、ここで一杯食べておくのも悪くなかろう。いくつかある変わり種に後ろ髪を引かれつつ、ベーシックな紅焼牛肉麺をオーダー。価格は、129元（477円）。

出来あがりを待っている間にお品書きを再度眺めていると、「（家常麵）」との添え書きがあることに気づいた。これは初めて目にするワードだ。どのようなものが出てくるのか、興味が深まる。

アルバイトと思しき若い女性が運んでくれた紅焼牛肉麺は、台北駅で食べたものとはひと目で違いが分かる一杯だった。日本のひもかわのように、極端に太い麺。新左営駅「北風蒸餃」の湯板條と同じくらいの太さ。ただし、こちらは米粉麺ではなく小麦粉で作られた麺なので、漂白したかのような白さではなく、ややアイボリーに近い白だ。

噛んでみると、質感がとても強い。まるですいとんみたいだ。まず間違いなく手打ちだろう。断面が円盤型をしており、端の薄い部分だけが縮れている。この縮れ部分にスープがよく絡んで、とても美味しい。

加えて、スープがピリ辛仕立てになっていた。汗が噴き出すほどの刺激的な辛さではないが、ほんのりと体が火照る。旨みを伴う唐辛子の辛さを中心に、コショウのような喉を刺激する辛さも垣間見える。さらに、ほろ苦さと痺れを伴う辛みもある。これは花椒か。また、辛みではないが、シソの実のような、青臭さと酸味を伴う香りも感じられた。さまざまな香辛料を駆使して、塩気は薄いのに充分な食べごたえを演出していた。

トッピングは、ひと口大にカットされた牛肉5切れ、チンゲン菜のような青菜、そして高菜炒め。紅焼牛肉麺に高菜炒めがトッピングされたのは、これが初めてだ。紅焼牛肉麺でありながら、牛肉以外の部分が強く印象に残る一杯だった。

問題は、これらの特徴がこの店独自のものなのか、それとも高雄の特徴なのかということ。そして、「家常麵」とは何なのかということだ。前者に関しては、この一杯を食べただけでは結論が出ないので、いったん保留だ。後者に関しては、字面と、実際に食べた麺の印象で、なんとなく想像できた。これは「家庭風手打ち麺」ではあるまいか。

帰国後に調べてみると、「家常」が中国語で「家庭的な」という意味だった。だとすると、家常麵は、家庭風の麺ということになる。ここでは手打ちのニュアンスが入らない（手打ちまで含めると「手工家常麵」になる）ようだが、当たらずとも遠からず。

私は、旅に出る際には、あまり事前リサーチをやりすぎないようにしている。やりすぎると、本番の旅は単なる確認作業に成り下がり、つまらなくなる。それどころか、リサーチの及ばなかった部分が見えづらくなり、想像や発見の機会が少なくなってしまうのだ。今回が、まさにその典型例。何ら予備知識がないものに出合い、「なんだこりゃ!?」と驚き、想像して、自分なりに推論を導き出して、全部終わった後で解答を見る。効率は悪いと思うけれど、この手順を遵守した方が、旅は100倍楽しくなる。

特徴的な麺。形状は店ごとに異なり、必ずしも「家常麵＝極太」ということではない

手を伸ばせば触れられるような距離感で撮れる（光栄碼頭駅付近にて撮影）

高雄環状軽軌は、乗っても撮っても

　MRTの話題が出たところで少々脱線して、高雄市内を走る高雄環状軽軌について紹介しておきたい。高雄環状軽軌は、2015年に一部区間で暫定開業したばかりの新しいライトレール。2019年12月現在、高雄MRT紅線の凱旋《カイシェアン》駅の少し東にある籬仔内《リーツーネイ》駅と、MRT橘線西側終点の西子湾《シーツーワン》駅に接続する哈瑪星《ハマセン》駅の間で運行している。将来的には、哈瑪星から北に延伸し、鼓山《コーシャン》駅で台鉄に、凹子底《アオツーディ》駅でMRT紅線に、そして科工館《コーゴングアン》駅で再び台鉄に接続して籬仔内に至る環状ルートで運行する計画だ。

　路線中には、路面軌道を走行する部分と専用軌道を走行する部分がある。港湾部では高架線路を走り、真愛碼頭《チェンアイマトウ》駅は高架部にある。全線で、無人運転。路線中に14ある駅も、哈瑪星駅以外はすべて無人だ。哈瑪星駅も、ホーム脇に係員が立って乗降客を誘導するのみで、発券業務などは行っていない。これだけ人の手をかけずに運行している鉄道路線は日本にないので、日本人から見るとかなり前衛的なライトレールであるように感じる。信用乗車方式（各駅にICカードリーダーと切符販売機がある）を採用しているため、時折職員が同乗して改札や検札を行っているという。

　私は今回、哈瑪星駅から前鎮之星駅までの12駅を探訪して回った。全線を通じて感じたのは、車両の写真を撮りたい鉄道ファンにとっては垂涎の路線なのではないか、ということだ。路面軌道部分はもちろん、専用軌道部分もその脇の歩道との間に高い柵などがなく、車両全体をフレーム内におさめられる場所がたくさんあるのだ。しかも、レールの間や脇には芝生が敷き詰められているところが多く、車両がとてもよく映える。全線が無架線ということもあり、走行シーンを眺めていると、まるで車両が芝生の上を這っているかのように感じる。

車両は、現在のところＣＡＦ社（スペイン）製の「Urbos 3」で統一されている。しかし、今後延伸開業する際に、アルストム社（フランス）製の「Citadis Ｘ-05」が追加投入されることになっている。ラッピング列車がたいへん多いので、同じ型式の車両を何度も見かけても、飽きることがない。

駅周辺を歩くなら、哈瑪星駅と駁二大義駅《ボーアルターイー》がおすすめだ。

哈瑪星駅は、ＭＲＴ橘線西子湾駅と接続しているので、訪問しやすい。駅の裏手は広大な芝生広場になっており、広場の先には、大規模な鉄道博物館の「哈瑪星台湾鉄道館」もある。広場内には、蒸気機関車や古い客車が静態保存されている。蒸気機関車は、今はなき汽車製造の１９２９年製ＤＴ６０９と、三菱重工の１９３８年製ＣＴ２５９。どちらも、日本統治時代のものだ。

この地が広大な鉄道公園のようになっていることには、もちろん理由がある。哈瑪星駅は旧台鉄高雄臨港線（２００８年に廃止された貨物路線）の高雄港駅構内に立地し、裏手の広場はかつて操車場だった場所なのだ。ちなみに、旧高雄港駅舎は解体されることなく現存し、資料などを展示して「旧打狗駅故事館」として観光客に開放されている。打狗《ターカウ》駅とは、高雄港駅の旧称。１９００年に開業した当時の駅名だ。また、旧打狗駅故事館と旧操車場内の広場を合わせて「哈瑪星鉄道文化園区」を形成し、多くの鉄道ファンに親しまれている。

実は、哈瑪星という現在の駅名も、旧高雄臨港線に由来している。縦貫線の終着駅として当駅が営業していた時代、当地に駐在していた日本人の間ではこの路線を「浜線」と通称で呼んでいた。この「はません」の読みが現地住民の間にも浸透し、戦後になって台湾語で「ハマセン」と読む「哈瑪星」が地名として定着したのだ。

一方の駁二大義駅は、岸壁のすぐ近くに位置し、裏に回れば、係留された小型の貨物船群を眺めながらゆったり流れ

2両の蒸気機関車は、前後に並んで展示されている

観光名所でありながらしっとりした情緒もある、駁二大義駅前の倉庫街

る時間を過ごすことができる。表側にはレトロな倉庫がたくさん建ち並び、函館や横浜のようなムーディーな空間になっている。この一帯は「駁二芸術特区」とした複合アートスペースになっており、連日多くの観光客がそぞろ歩く。個人の観光客だけでなく、修学旅行などの団体も多く訪れる。

高雄環状軽軌は、駁二大義駅のすぐ東で高架になる。そのため、当駅近くでカメラを東に向ければ、高架橋を登っていく、あるいは高架橋から下りてくる車両をほぼ正面から撮影できる。沿線には撮影スポットがたくさんあるが、ここ以外では高低差があまりないので、角度に変化をつけたい場合におすすめの撮影スポットだ。

乗っても、乗らずに外から眺めるだけでも、高雄環状軽軌は楽しめる。熱狂的な鉄道ファンでなくても、童心に帰ったように鼓動が弾むことだろう。高雄へ旅するのなら、少しだけ時間を割いて寄ってみてはいかがだろうか。

遂に、トマト牛肉麺に挑戦　～屏東駅～

彰化から高雄に至る縦貫線南段は、敷設当初は高雄港駅（打狗駅）が終点だった。鼓山駅からまっすぐ南へ伸びる高雄臨港線、すなわち「はません」が、メインルートだったのだ。しかし、1941年の屏東線全通とともに現在の高雄駅が開業すると、鼓山から東にカーブを切り、高雄駅を経てそのまま屏東線に乗り入れて枋寮駅に至る路線がメインルート（西部幹線）に変わった。

枋寮駅までが西部幹線ということになってはいるが、実際に枋寮駅まで直通する列車は少なく、手前の潮州駅を終着とする列車が多い。そのため、実際に旅をしての印象としては、潮州が西部幹線の南の果て。潮州から先は、台湾最南

端付近をぐるっと回って台東に至る南廻線の一部というイメージになる。

高雄～潮州間には、乗降者数の多い駅が、高雄駅のほかに3つある。このうち鳳山《フォンシャン》駅、屏東駅、そして潮州駅だ。このうち鳳山駅は、2018年に地下化された区間の東端に位置している。つまり、新左営から鳳山まで、各列車は地下トンネルを走行するわけだ。地上走行時代には立派な駅舎を擁していた鳳山駅も、方形のコンクリート駅舎に建て替えられた。がらんと広いコンコースは綺麗だけれど、広くなったぶんだけ分散した人影はまばらに感じられ、どこかもの悲しい。駅舎内には、コンビニエンスストアがあるだけで飲食店は見当たらなかった。

一方、2015年に高架化された屏東駅と潮州駅は、とても賑やかだ。両駅とも、駅直結の高架下部分に太平洋百貨店が運営するショッピングモールが整備され、飲食店も多数誘致されている。屏東や潮州は、高雄市の中心部からずっと続く市街地ではない。市街地は九曲堂《ジウチュタン》駅あたりでいったん途切れ、高屏渓を渡って屏東県に入ると、車窓風景は広大なヤシ畑が中心になる。背の高いヤシの木に埋もれるようにして、おそらく営農者のものであろう住宅がぽつんと建つ。そんな、深いビリジアンの車窓風景が延々と続くなかに、突如として現れる近代的な街並み。それが、屏東と潮州なのだ。まるで城塞都市のように、ヤシ畑のなかにぽっかりと浮かび上がる街。日々の生活を、この城塞都市のなかで完結させている人が多いであろう街。両駅はその玄関口だけに、生活の拠点となりうるほどに充実しているのだ。

このうち潮州駅の駅なかモールは、まだ開発途中だった。営業店舗は半分ほどで、ケンタッキーフライドチキンやスターバックスコーヒーなど、洋風ファストフードチェーンが中心。将来的には駅麺店が入る可能性もあるが、現時点では本書で紹介できる店はない。

ここで主役になるのは、屏東駅だ。高架下のモールには中央通路に沿って飲食店が連

竹田駅付近の車窓風景。背の高いヤシの木は、実の収穫作業も大変だと思う

なるほか、数店舗が入居するフードコート「驛站食堂」まで整備されている。王道の牛肉麺店に、日本式のラーメン店、うどん店など、麺類もいろいろある。ただ、百貨店の運営ということもあってか、全体的に値段が高い印象だ。フードコートでも100元オーバーが当たり前。いちばん安いのが、かけうどんを69元で提供している「丸亀製麺」。

どうせ100元を超えるのなら、どこで食べても100元は下らない牛肉麺がいい。高雄駅「原牛」で食べただけでは台湾南部の牛肉麺の特徴をあぶり出すには至らなかったし、多くの店舗で扱っているトマト入りの牛肉麺をまだ食べていない。そう思い、私はフードコートのすぐ外にある「享家 牛肉麵食館」に入ってみることにした。店内に入ってすぐのレジで注文し、先払い。トマト入りの牛肉麺は、「燉蕃茄牛肉麵」というメニュー名。第2章で紹介した埔心駅「鮮洛檸」で「茄汁」がトマトソースだったから、「蕃茄」がトマトであろうことは見当がつく。これに、煮込みを意味する「燉」の字が付いているから、じっくりコトコト煮込んで甘さを増したトマトが使われるのではないかと想像が膨らむ。お品書きでは、メニュー名の脇に「特別推薦」の星印が付いている。価格が180元（676円）と高めだけれど、味は期待してよさそうだ。

燉蕃茄牛肉麵には、モヤシとワカメを和えたナムルのような副菜が付く

先客がなくガランと広いフロアの隅の席に着き、出来あがりを待つ。やがて運ばれてきたのは、見た目がとてもおしゃれでかわいらしい牛肉麺だった。これまでに食べた牛肉麺は、いずれもトッピングの牛肉がブロック状にカットされていた。しかし、この店では、ハムをスライスしたかのような、円形カット。厚切りだから、見た目には仙台名物の牛タンを連想させる。ただ、実際に食べてみると牛タンほどの歯ごたえはなく、ほろほろとほぐれて食べやすい。トロリととろけるゼ

ラチン質を多く含み、スープもよく絡む。

そのスープには、ほとんど原形をとどめていないホールトマトがじんわりと馴染んでいた。紅焼牛肉麺は、どこで食べてもトマトのような独特な酸味があるもの。ホールトマトが加わっても、違和感はまったくない。むしろ、薄味でやや平板な印象を受けるスープに深みを加えているように感じた。

麺は、太麺。太麺ではあるが、高雄駅「原牛」のような幅広麺ではない。激しく縮れており、スープがよく絡む。麺自体にも小麦特有の香ばしさとほんのりとした甘みがあり、とても美味しい。トマトスープのラーメンは近年日本でも人気が高まっていることだし、将来的にはホールトマトを使った牛肉麺がスタンダードになっていく可能性もありそうに思う。

高雄駅「原牛」で印象に残った香辛料のスパイシーさは、この一杯では特段感じなかった。牛肉と一緒にセロリのような苦みのある青菜をトッピングすることで香りも個性を発揮していたが、少なくとも辛みや刺激はなかった。必ずしも「台湾南部の牛肉麺＝ピリ辛仕立て」ということではないようだ。

店を出てからモール内をぶらぶら歩いていたら、トンカツを中心に和食を提供する「斑鳩的窩」で日本そばの扱いがあることを発見した。今回の旅では初めて出合った、日本そば。ダイニングタイプの飲食店だから駅麺と呼ぶには苦しいのだが、駅そばを専門的に研究している身としては食べずにいられない。せっかくなので、閑話休題。簡単に紹介しておこう。

扱うのは、ざるそばに相当する「蕎麥冷麺」のみで、いわゆるかけそばは扱っていない。また、蕎麥冷麺のみでの注文はできず、ご飯や惣菜がセットになった定食形式のみでの扱いになる。値段は高く、私が注文した「魚排蕎麥冷麺」

ざるそばに、白身魚のフライとご飯、味噌汁、茶碗蒸しなどがセットになっている

は270元（999円）。

先に配膳された千切りキャベツをもしゃもしゃと食べている間に運ばれてきたそばは、新左営駅のカツカレーうどんと同様に、ちょっとへんてこな和食に該当するものだった。まず、食感が変だ。コンニャクのようにぐにぐにとした弾力があり、噛み切りにくい。そのわりに、そばの香りはしっかりと感じられる。そしてなぜか、刻み海苔とともに錦糸卵が添えられる。つけつゆは、やたら甘い。ちらし寿司にのせる「でんぶ」のような、砂糖をたっぷり含んだ甘さだ。出汁の香りは全然感じられない。

以前に、台湾に出店経験がある立ち食いそば店を取材した際に、海外店舗運営の担当者から「台湾ではカツオ出汁の香りがあまり好まれないので、意図的に日本国内の店舗よりも出汁を弱めている」という話を聞いたことがある。その話を裏付けるようなつけつゆだった。

日本企業が多数進出しているうどんは、しっかりと根づいている台湾。しかし、そばはあまり親しまれていないようだ。日本国内では、駅そば店で外国人観光客を見かける機会が増えているけれど、彼らもそばではなくうどんやご飯ものを注文するケースが多い。そば好きの私としては、肩身の狭い思いに駆られるところだ。将来的に麺類としてのそば食文化を海外に広めるためには何が必要なのか、考えてみる価値がありそうだ。

第5章

東海岸駅弁街道縦走録

冷房のない「普快車」は、なぜ人気？

台北から潮州までは、ところどころに狭隘な山中や長閑な海岸を走る区間があったものの、基本的にはずっと賑やかだった。各駅の長いホームには、流線型のEMU800型が12両編成で滑り込んでくる。

しかし、潮州から東は、一転してローカルなムードになる。潮州8時10分発枋寮行きの区間車は、ディーゼル気動車のDR3000型だった。短い3両編成だ。そして、車窓から眺める風景も、劇的に変わった。潮州までは広大なヤシ畑が続き、緑一色だった。しかし、潮州から先はこんもりとした山々が間近に迫る。台湾の山地は、島の中央にあるのではなく、だいぶ東に寄っているのだなと実感する。そして、わずかに開けた平地には、田んぼのように畔で区切られたため池。ひとつひとつは小さいが、夥《おびただ》しい数。その多くには水面上に電動式の小さな水車が設置され、バシャバシャとしぶきを立てていた。

「あれは、魚や貝、エビなどの養殖池だよ」

列車に乗り合わせた、片言の日本語を操る白髪のお婆さんが教えてくれた。まれに水車が稼働していないため池もあり、そこだけアオコがびっしりと浮いている。水車を回して酸素を供給し続けないと、水質を維持できないのだろう。

終点の枋寮駅で、90分ほどの乗り継ぎ待ち。ガランと広い待合室の片隅に鉄道グッズショップがあったので、ひとしきり眺める。それでも、90分は到底潰れない。いったん駅を出て、人影もまばらな目抜き通りをぶらぶら歩き、朝から営業していたスーパーマーケットに立ち寄ってお菓子や飲み物を購入。そろそろよい頃合いだろうと思って駅に戻ると、信じられない光景が待ち受けていた。

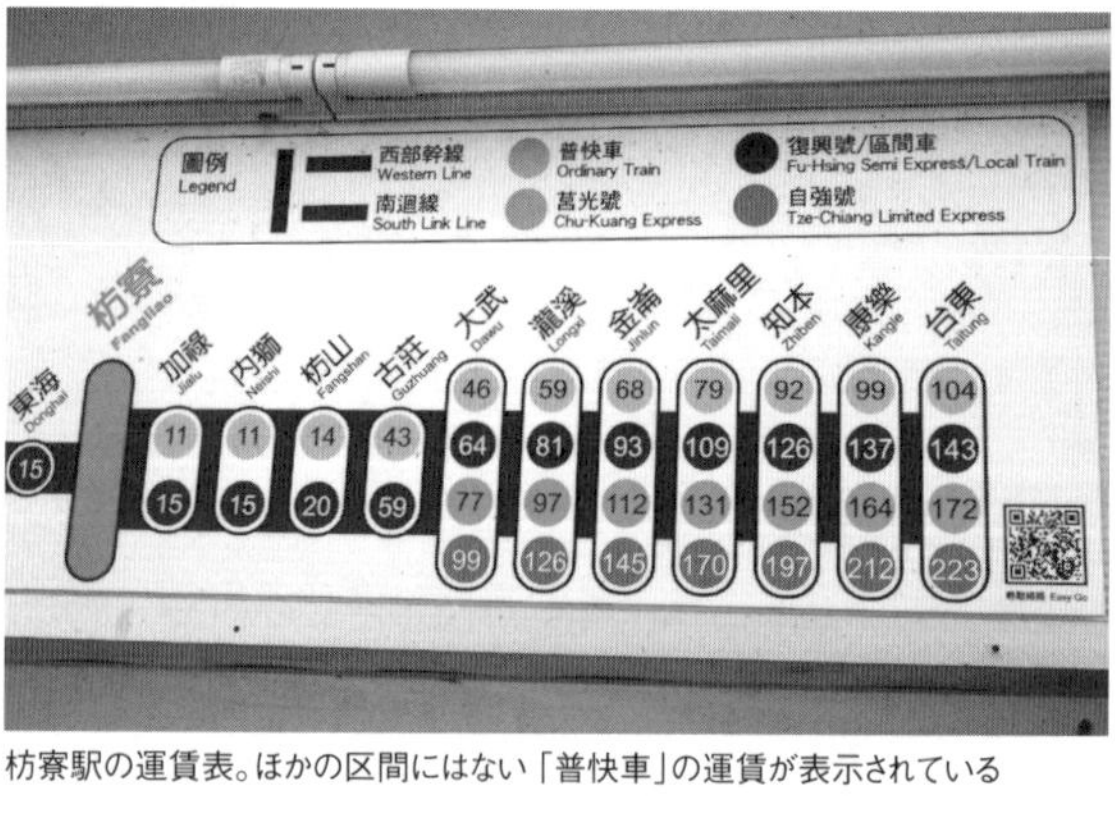

枋寮駅の運賃表。ほかの区間にはない「普快車」の運賃が表示されている

私が降り立ったときには閑散としていたのに、いつの間にか多くの旅客が詰めかけて、思うように身動きもとれない状態になっていたのだ。ベンチに座れないどころか、立って待つ場所すら確保が難しい状態。彼らはいったいどこから湧いてきたのだろうか。そして、まさか私がこれから乗ろうとしている列車に乗り合わせるのではあるまいなと、嫌な予感が走る。

そしてその予感は、見事に的中してしまった。枋寮10時40分発の台東行き普快車は、ほぼ満席の状態で発車した。列車の等級では、区間車より下の最下層に甘んじている列車だ。車内には空調設備がなく、窓を開けると車内に排気ガスが充満する列車に、こんなにもたくさんの人々が乗りたがっていたのだ。

客車は青い車体がトレードマーク。乗降ドアは内開き

私が枋寮駅に降り立った8時51分から、外を歩いて駅に戻ってきた10時20分頃までの間、枋寮駅に到着する列車は順行・逆行のどちらもない。ということは、彼らは鉄道以外の交通手段で枋寮駅にやって来たことになる。おそらく、バス。それも、団体の観光バスだろう。わざわざ「遅い・暑い・臭い・古い・(揺れるため尻が)痛い」の五重苦が揃った列車に乗ることを目的とした団体旅行ツアーが存在し、これほどの人気を博しているというのか。

私は、ときとして鉄道ファンの心理が理解できなくなる。もっとも、私も「区間車より低級の列車はどんなものなのか?」と興味を持って、意図的にこの便を選んでいるのだから、他人のことをとやかく言える立場ではない。

改札が始まると、堰を切ったように群衆がホームになだれ込む。まさか台湾の南の果てで〝大垣ダッシュ〟のような座席争奪戦が繰り広げられることになろうとは、予想だにしていなかった。とはいえ、単身での乗車となる私は、身軽で有利。どうにか2人掛けシートの窓側を確保できた。ただし、山側。景色のよい海

海側が開けたところでは、多くの乗客が景色にくぎ付けになる

側の席を確保したかったのだが、競り負けた。

定刻どおりに、枋寮駅を出発。車内に冷房がなく、ほとんどの乗客が窓を開けているから、それなりに風が入る。最初のうちは、思っていたよりも快適だった。しかし、ほどなくしてトンネルに入ると、耳をつんざくような轟音が車内を支配する。ようやくトンネルを抜けたと思ったら、またすぐに次のトンネル。でも、窓を閉めると暑いから、誰も閉めない。ひたすら顔をしかめて、トンネルの出口を待つのみ。私が下車する金崙《チンルン》駅に着くまでの87分間は、どちらかというと耐える時間の方が長い旅路になった。

それでも、乗客の多くは思い思いに鉄道旅を満喫していた。各駅に到着するたびに、自撮り棒を持って列車から降り、記念写真を撮ってまた車内に戻ってくる者。トンネルとトンネルの間に待っている海側の絶景に歓喜する者。数人で弁当を回しながら食べているグループ。楽しみ方は、人ぞれぞれだ。私は、景色よりも、鉄道旅を楽しむ人々を観察する方が楽しかった。

途中駅からの乗車客や、途中駅での降車客は、きわめて少ない。ほとんどが、始発の枋寮から終着の台東までずっと乗っているようだ。地元住民は、決して快適ではなく、それでいて混雑が激しい普快車は、むしろ忌避しているのかもしれない。いくら運賃が安いといっても、五重苦が揃ったうえ座れないのでは、避けたくなるのも頷ける。これは、もはや観光列車だ。

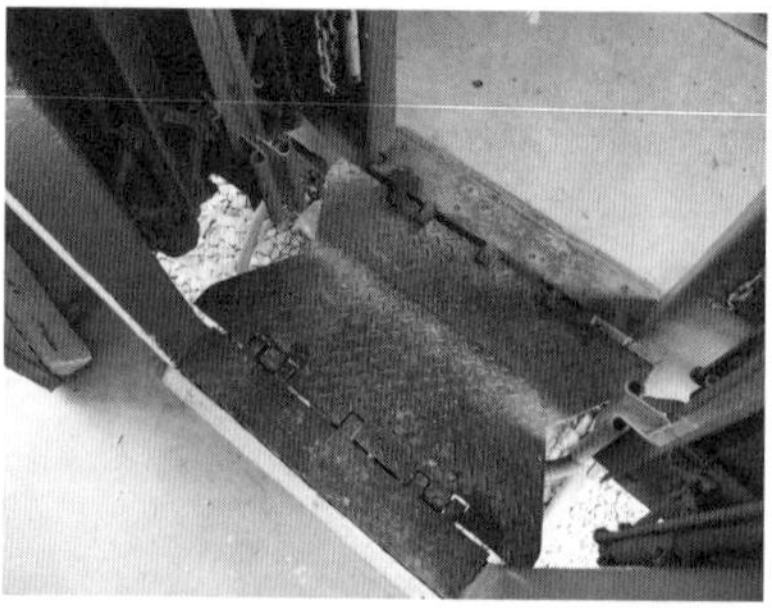

連結部からは、地面が丸見え。走行中の車内移動は、なかなかスリリング

西部幹線にも東部幹線にも属さず、時代から置き去りにされたかのような南廻線。しかし、南廻線では、目下電化工事が進められている。電化に伴って駅舎の改築も進み、ほとんど乗降者がないであろう駅に奇抜なデザインの新駅舎が設置されるケースも増えてきている。ローカル線の情緒は、少しずつではあるが、失われつつある。南廻線全線で電化が完了すれば、ディーゼル気動車はお払い箱になるかもしれない。南廻線を普快車が走るのも、あと数年か。

そう思うと、途端に愛おしい存在になる。日本では、乗客の少ないローカル線が、廃止されると決まった途端に鉄道ファンで賑わう光景をよく見る。南廻線の普快車が、今まさにそれに近い状態なのかもしれない。乗っておくなら、今のうちだ。

廃駅跡の炒泡麵　～金崙駅（多良駅跡）～

途中駅で降りる人はほとんどなかったのだが、金崙駅では私を含めて10人近く降車した。金崙は、温泉地として人気がある街。保養に訪れた人々だろうか。

しかし、私が当駅で下車した理由は、温泉保養ではない。金崙から南へ約5㎞のところにある、多良駅跡《ドゥオリャン》。2006年に廃止されてしまったが、現役時代には「全台景美車站（台湾で最も景色が美しい駅）」と評された駅。廃駅跡は観光名所として現役時代以上に賑わっていると聞き、行ってみたくなったのだ。

現地のことをまったく調べずに訪問しているので、鉄道で行けなくなった現在の交通手段が分からない（現在も、不定期の観光列車が停車するとの情報あり）。とりあえず隣の金崙駅で降りてみたのだが、ここからのバス便は1日6本（復路は5本）しかなかった。客待ちタクシーの姿もない。たったひと駅ぶんだから、歩いた方が早そうだ。そう思い、海辺の省道9号線を1時間ほど歩いて、多良駅跡へ。省道9号線は、台北から枋寮近くの枋山郷までを縦貫する、東海岸のメインストリート。金崙付近では見通しのよい高架道路になっている。自動車がビュンビュン走るなか、歩道はない。こ

展望広場（右）と、極端に幅の狭いホーム（左奥）

こを歩いたら怒られるだろうかとも考えたが、歩行者進入禁止の表示は見当たらなかった。むしろ、並行して少し山側を走る旧道の方が通行止めになっていた。

多良駅跡は、省道9号線から山に向かって九十九折りの坂道を少し上がったところにある。ちょうど高架道路が地上に降りるところで、駅跡への入口には信号がある。また、観光客の路上駐車が急に多くなるので、分かりやすい。駅跡へ続く坂道は居住者以外の自動車進入が禁止されているから、マイカーで訪問する観光客は麓の9号線に路上駐車するしかないのだろう。なるほど、これはなかなかの賑わいぶりだ。

多良駅跡には、ホームや線路と、その背後に広がる太平洋を一望できる展望広場がある。展望広場からの眺望はなかなかのもので、全台景美車站の称号は伊達ではない。高台から見下ろす角度と、人家がほとんど視界に入らないパノラマビューは、JR東海道本線の根府川駅を連想させる。

そして展望広場の脇に、屋台風の飲食店と土産物店が軒を連ねていた。「瑪沙魯」という店名が掲げられた飲食店では、肉やソーセージ、野菜などを炭火で焼くバーベキューのような料理をメインに提供。「多良火車站石板烤肉創始店」の表示があり、わざわざ「本店使用石板烤肉非鉄鍋（板）炒肉」と注釈されてあるから、直火焼きであることが売りなのだろう。大ぶりの香腸《シャンチャン》（ソーセージ）は、1本30元（111円）。お手頃な価格も人気の一因になっていそうだ。

しかし、最も私の関心を引いたのは、これではなかった。注文口の前にぶら下がっている短冊状のメニューのなかから見つけた、「蔬菜泡麵」と「炒泡麵」だ。麵類の扱いがあるのなら、名物であろうとなかろうと、こちらが優先だ。

泡麵《パオミエン》は、インスタントラーメンのこと。日本人の感覚だと、飲食店でインスタントラーメンが提供されることに少々の違和感を覚えるかもしれない。しかし、第3章で紹介した高鉄台中駅「翰林茶棧」も含めて、台湾ではそう珍しいことではない。韓国にも、インスタントラーメンをアレンジ調理して提供する飲食店が多数ある。香港に至っては、生麺よりもインスタントラーメンの方が高級品で、割増料金が設定されていることさえ珍しくない。

野ざらしの飲食スペースには当然ながら冷房がなく、蒸し暑い。そのため今回は、スープ麺ではなく汁なし麺であろう炒泡麵を食べてみることにした。価格は100元（370円）。こちらは実演スタイルの直火調理ではなく、少し奥まったところにある鉄板で、注文を受けてから炒めていた。

木の葉のような形状の皿に盛られた、炒泡麵。焼きそばのようなものであるということは、想像どおり。しかし、ひと目見て驚いた。とてもインスタントラーメンを使っているとは思えない、完成度の高い料理に仕上がっていたのだ。麺が強く縮れているのは、インスタントラーメンならではの特徴。鉄板上で、強火で一気に炒めることで、醤油系の調味料がほどよく焦げ、香ばしくて美味しい。キャベツ、ニンジン、大味なキュウリのような野菜を一緒に炒めてある。そして仕上げに、オムレツをトッピング。最後に青ネギを少々散らして完成だ。オムレツはすでに出来あがっているものを保温器から出してのせるだけだったけれど、ふんわりした食感のアクセントと彩りを加えていた。

簡単なものを使って、工夫することで美味しく仕上げる。パッと、大阪の粉もの系B級グルメが連想された。発想は、通じるものがあると思う。新今宮のジャンジャン横丁あたりで炒泡麵を売り出したら、意外と評判になるのではないかと思った。

即席麵料理としては上々の出来栄え。「蔬菜泡麵」も、機会があったら試してみたい

台東製臺鐵便當は、花蓮製？ ～台東駅～

台東駅は、台東市の中心部からだいぶ離れたところにある。観光客の多くが「絶望的に遠い」と肩を落とすほどで、距離にしてざっと5km以上ある。

このような位置関係になってしまったことには、理由がある。1922年に開業したときには、台東駅は市街地のど真ん中にあった。しかし、1982年に部分開業した南廻線が、台東駅ではなく現在の台東駅の場所に新たに卑南《ベイナン》駅を設置する形で接続した。つまり、卑南～台東間は、盲腸線の形になったわけだ。1992年に南廻線が全通すると、卑南駅が台東新駅として、名実ともに交通要衝の役割を担うことになる。そして2001年に、盲腸線部分の台東新～台東間が廃止され、台東新駅が台東駅に改称。こうして、台鉄は台東市の中心部に乗り入れることがなくなり、現在の位置関係になったのだ。ちなみに、盲腸線だった部分は廃止後に遊歩道として整備され、レールも大部分が残っている。また、旧台東駅は台東鉄道芸術村として多くの鉄道ファンが訪れる名所になっている。廃線跡探訪が好きな人は、ここを歩いてみるのもいいだろう。

市街地から遠く離れているだけに、駅周辺はだだっ広く閑散としている。当駅で列車を降りた人々の多くはバスに乗り換えて市街地を目指すので、バスターミナルが発達している。そして、駅周辺には飲食店なども少ないことから、バス利用者が寄りやすい駅なかがたいへん充実していた。麺類を扱う飲食店こそなかったものの、おしゃれなカフェや、地域特産の精米を販売する店などが軒を連ねていた。

駅舎の軒先に、屋根つきの簡易的なショッピングモールが整備されている

臺鐵便當の販売店は、待合室内にあった。鉄道グッズの販売も行う直営店舗「臺鐵夢工場」だ。では、6種類ある臺鐵便當の5つめ、台東製の弁当をいただこう。ほかの調製所製弁当と比較する意味で、60元の「臺鐵排骨便當」を購入。

ここにきて、商品名から「經濟」の文字列がなくなった。喉に刺さった小骨が外れたような気分。この文字列は、ない方がいいと思う。

なお、10月の訪問時には、当駅では臺鐵排骨便當が売り切れており、食べられなかった。弁当の中身に関する記述は、12月の再取材時のものである。この訪問時期のズレが後々少し意味を持つことになるので、あらかじめお断りしておく。

バスターミナル脇のベンチに腰掛け、蓋を開ける。その瞬間に、私の視線は容器の右下部分にくぎ付けになった。台中製や高雄製の臺鐵便當にも入っていた煮豆腐が、サイコロ状に小さくカットされていたのだ。一瞬、成形肉のサイコロステーキかと思った。

臺鐵便當のなかでは、最も味が濃かった。日本人の舌によく合いそうな味覚

食べてみると、これがなかなか美味しい。台湾の煮豆腐は、固い。小さくカットすることで表面積が広くなり、甘辛いタレの味がしっかり付くとともに、食感がやわらいで食べやすくなるのだ。かぶりつく醍醐味はなくなるものの、味覚面では一歩秀でているように感じた。

メインの排骨は、これまでに食べたどの排骨よりも色が赤く、衣の食感がなくウェッティなものだった。揚げるのではなく、煮てあるかのような食感だ。味付けも、やや濃いめ。煮豆腐にしろ排骨にしろ、濃い味付けが最大の特徴であるように感じた。

そのほかの惣菜は、煮玉子、刻んだ油揚げの煮もの、少しコリコリするザーサイのような野菜を細かく刻んで炒めたもの。刻み揚げの煮ものが臺鐵便當に入っていたのは、これが初めて。惣菜の組み合わせも全体的な色合いも、これまでに食べてきた臺鐵便當とはだいぶ異なる印象だった。

紙箱の蓋には、陳世雄氏の水彩画。タイトルは「新城車站」。新城駅《シンチョン》は、花

蓮の北に位置する、1975年開業の比較的新しい駅。うん？ なんか変だな。花蓮の北なら、花蓮製の臺鐵便當に描かれるべきで、はるか南の台東製に描くのは不適切なのではないか。

そう思って紙箱を隅々まで見ると、「花蓮製」の文字列が目に入った。これはおかしい。台北駅「臺鐵夢工場」の店頭表示から考えて、台東と花蓮のそれぞれに調製所があり、台東では台東製の臺鐵便當を販売しているはず。台東調製所の不具合か何か、理由があってたまたま花蓮製が販売されていたのか。それとも、調製は台東餐廳だけれど紙箱だけ花蓮のものを使っていたのか。台湾語を話すことができない私は、その理由を販売員に尋ねることができず（もっとも、尋ねたところでアルバイトと思しき販売員には分からないだろう）、真相は藪の中に葬られたまま旅を続けることになったのだった。

棚から閼山便當　～関山駅～

スケジュール編成の段階では、台東の次に立ち寄る場所は、有名駅弁がある池上《チーシャン》の予定だった。しかし、第4章で触れた新左営駅改札内の鐵道檔案文物室で駅弁に関する展示を見学して、台東と池上の間に位置する関山駅《カンシャン》にも駅弁があることを知った。台東駅近くのドミトリーで一夜を明かす間に時刻表と格闘して予定を練り直し、翌朝のチェックアウト時間を早めて関山に寄ることを決めた。棚からボタ餅が転がり落ちて、探訪先を1件追加だ。東海岸は列車の本数が少ないから、立ち寄り先を1か所増やすのもひと苦労。幸いだったのは、関山は半数以上の対号列車が停車する駅だということだった。

台東から関山までは、初乗車となる普悠馬号で移動。ＩＣカードでは乗車できないので、窓口で切符を買う。乗車時間は、わずか20分ほど。それでも、年代物の自強号と違って最新鋭の車両でラグジュアリーなひとときを楽しめた。

台湾の東海岸では、かつて多くの駅でホームでの駅弁立ち売りが行われていた。地元の弁当事業者が構内営業権を得て行う、日本の駅弁に近い販売スタイルだ。しかし、２０１６〜２０１８年頃に営業権の高騰（事実上の閉め出し）などにより相次いで撤退し、現在は基本的に行われていない（現在も不定期の観光列車に合わせて行われるとの情報もある）。営業権を持っていた業者は、駅舎内に販売店を出すこともできず、駅近くの店舗での販売のみになっている。その意味では、「駅弁」とは名ばかりで、実質的には街なかの弁当店と変わらないとも言える。しかし、大半の業者が「鐵路便當」の名を冠した弁当や鉄道車両をプリントした容器の弁当を販売し続けている。本書の性格を考えれば、これらは「駅弁」に含めていいだろう。

かつて関山駅のホームで駅弁立ち売りを行っていた「源昌飯店」は、駅前の小さなロータリーを回ったすぐ先にあった。駅を出た瞬間に、周囲よりも少しだけ高い建物の側壁に「源昌 關山便當」の表示が目に入る。朝9時前の訪問だから、果たして営業しているかどうか。不安に思いながら店の前まで行ってみると、入口脇に数十個のキャベツが入った籠がたくさん積まれていた。これはまだ準備中かなと思いながらも、恐る恐る店内に入ってみる。すると、厨房内で食材の下ごしらえをしていた中年の女性が、にこやかに招き入れてくれた。台湾語で何か話しかけられたが、まったくもって分からなかった。しかし、その表情で、歓迎されていることだけは分かった。

1970年創業の店。蓋には、SLがプリントされている

頭上に掲示された写真入りのお品書きを見て、「關山便當。一个。外帯」とオーダー。このくらいなら、私も台湾語で話せるようになっていた。するとおばちゃんは、作業の手を止め、やおら大きな平皿を取り出し、その上に食材を並べていく。煉瓦くらいの大きさの肉の塊を取り出し、薄くスライスして皿へ。トンカツのような揚げ肉の塊を取り出し、これも薄くカットして皿へ。ほとんどの食材は中華包丁で切り分けるが、煮玉子だけは糸を使って切っていた。皿の上にどんどん食材が並べられ、なんだか大皿料理のようになってきた。あれあれ？ ちゃんと「外帯（テイクアウト）」

注文を受けてから食材を切り分けていた。手作り感満載で、ぬくもりが伝わる

が通じているのだろうかと、嫌な予感が走る。

しかしその予感は、杞憂に終わった。ひととおり食材を皿に並べ終えたら、弁当箱をひとつ取り出して白飯を敷き詰める。その上に、皿に並べておいた食材をひとつひとつ丁寧にのせていき、最後に大きな鍋で調理されてあったキャベツ炒めをガバッと豪快に掴んで、容器の隅に押し込む。蓋をして輪ゴムをかけ、手提げのビニール袋に入れて、完成。価格は、75元（278円）。臺鐵便當より惣菜の種類がはるかに多いから、とても安く感じる。店を出るときには、おばちゃんは満面の笑顔で手を振ってくれた。たったひとりの弁当客のために下ごしらえの作業を中断し、嫌な顔ひとつ見せずに快く弁当を作ってくれた。感謝感謝だ。

ロータリー内にちょっと座って休める場所があったので、ここで朝食タイムだ。容器は、経木製の箱に経木を模した紙製の蓋。風情と木の香が、食欲と旅情をかきたてる。メイン具材は、豚ロースの大判チャーシュー。脂身がなくさっぱりしており、ロースト香もあって飽きのこない味わいだ。その周囲には、ちょっと固いハム、豚の脂身をカリカリの衣で揚げたもの、小さめの煮豆腐、キャベツ炒め、刻んだタケノコを煮つけたもの、煮玉子（半分）。そしてチャーシューの上に、トンカツふた切れと穂先タケノコの煮物、香腸。惣菜の種類が多く、いろいろな味を楽しめるのがうれしい。

特に印象深かったのは、ハムと脂身の揚げ物だ。ハムは、有名な金華ハムではなく、調理シーンを眺めたときに「レンガのような肉塊」と感じたもの。正式な名称がわからない。日本で一般的に食されているハムよりも色が赤く、歯ごたえが強い。イメージとしては、ハムとサラミの中間くらい。旨みが凝縮熟成されていて、とても美味しい。そして、脂身の

揚げ物。台湾に来てからずいぶん経つが、初めて目にする料理だ。スナック菓子のような衣にも豚の旨みが染みわたっており、揚げ油もラードなのではないかと推測。衣をつけて揚げたものだけれど、トンカツ、天ぷら、唐揚げのいずれとも全然違う。後に池上でこれの正体が判明するのだが、關山では頭の中がクエスチョンマークだらけの状態のまま食べ終えることになった。

惣菜が多すぎて蓋を開けた時点ではほとんど見えない白飯も、とても美味しかった。台湾の米は、総じて旨みや粘り気が少ない。日本の米よりも淡白に感じるものだ。そして、惣菜と米を一緒に口の中に入れても、どことなく別々に食べているような印象を受ける。しかし、關山便當の米は、魚沼コシヒカリに勝るとも劣らない旨み・甘みを内包していた。各惣菜にもしっかり馴染む。モチモチした食感も心地よい。

ここ台東県は、台湾随一の米どころ。まさにその事実を実感する形になった。

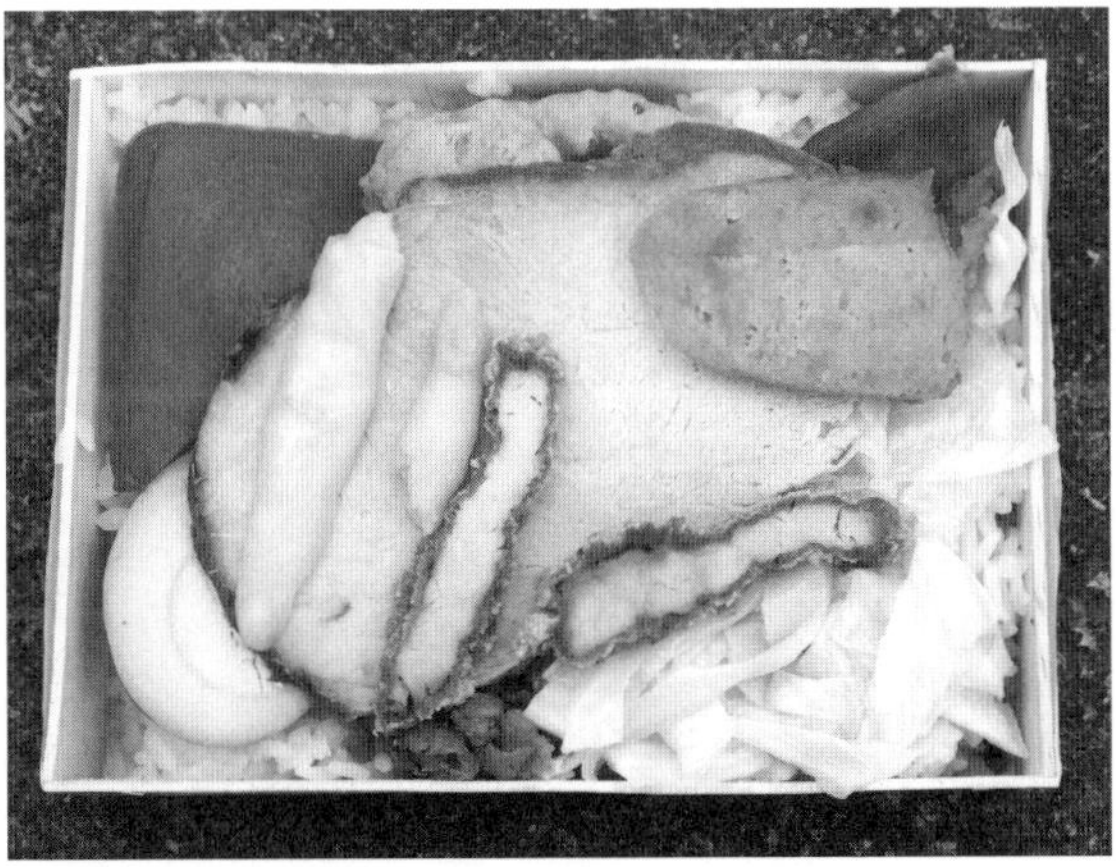
肉系の惣菜と野菜系の惣菜をバランスよく配する。見た目の彩りも美しい

池上便當は学習の後で　～池上駅～

關山からの列車に乗り合わせた乗客のうち、キャリーバッグや大型のリュックなどを携えた人々は、ほとんどが次の停車駅の池上で降りた。なるほど、ここは観光客の乗降が多い駅か。米どころとして知られる街だから、皆さんグルメがお目当てだろうか。

近年建て替えられたのであろう木目調の駅舎は、すっきりと洗練された佇まい。待合室のベンチがおしくら饅頭をしているかのように混雑していても、不思議と余裕が感じられる。駅舎内には池上産の米などを販売する土産物店があり、駅舎の外にはサイクリングステーションも完備している。すごく現代的な観光地だな……と思いきや、駅舎とサイクリングステーションの間にある飲料の自動販売機は、日本製の払い下げ。新しいんだか古臭いんだか、よくわからない駅だ。

この池上駅でも、かつてホームでの駅弁立ち売りがあった。有名なのは、駅前広場を突っ切ってすぐの弁当店「全美行」だが、駅周辺の市街地にはほかにもたくさんの弁当店がある。池上便當あるいは池上飯包のブランドを掲げる店は、台北や台中などの大都市でもよく見かける。そのため關山便當よりも知名度が高く、池上には台湾全土から観光客がやって来るのだ。台湾の駅弁を語るうえで、池上は外せない。

池上では、店ごとに弁当の表記を「便當」あるいは「飯包」と使い分けているが、この2つは同義語と考えてよい。台湾では、古くは弁当を「飯包」と称していたが、日本統治時代に日本流の呼称「便當」が広まり、逆転して今に至っている。現在、ほかの地域では「飯包」の表記を見ることは僅少なのに、池上では多く残っている。

池上飯包文化故事館には、古い鉄道車両の展示もあり、中に入ることもできる

弁当を食べる前に、やっておきたいことがある。それは、駅前から続く目抜き通りをまっすぐ5分ほど歩いたところにある「池上飯包文化故事館」を訪ねることだ。ここは、池上飯包の老舗「悟餐池上飯包」が運営するレストラン兼資料館。食事はせずに資料館だけ見ることもできる。入場無料なので、池上飯包の基本について学ぶには好適だ。

池上駅での立ち売りは、戦時下の１９４０年に始まった。蕃薯餅《ファンシュウビン》という、スイートポテトのようなものをホーム上で販売したのだという。これが戦後の１９４８年におにぎりに進化し、「飯包」と呼ばれるようになった。展示されている資料を見ると、おにぎりといっても白飯の中に惣菜を入れるのではなく、白飯の上に惣菜をのせる形式だったようだ。当時の価格は、1・5元だったという。池上飯包文化故事館では、これを「初代池上飯包」として紹介している。弁当箱に盛りつけるのではなく、おにぎりを竹の皮で包む。漢字の字面を見ても「便當」より「飯包」の方がしっくりくる。だから、すでに「便當」表記が普及していたであろう戦後生まれであっても「飯包」の呼称が用いられたのではないだろうか。これが、現在も「飯包」表記が残っている理由だと推測する。

経木製の弁当箱に盛りつけるようになったのは、1962年。これが第二代池上飯包。そして1976年に使用する食材を一新し、第三代池上飯包として現在に受け継がれている。池上飯包を標榜する店はたくさんあるが、そのなかでも悟餐の前身（悟餐という店名は、2000年に付されたもの）がルーツなのだ。

資料館内に掲示されている年表では、2001年に「全国開放連鎖加盟」となっている。フランチャイズチェーンを立ち上げ、台湾全土での店舗展開を始めたということか。だとすると、私が台北や台中で目にしてきた池上飯包ブランドの弁当店は、このチェーンに加盟している店舗だったのかもしれない。

さらに有用だったのは、池上飯包に使用する食材が紹介されていたことだった。台湾料理に精通していない私にとって、これは大きな手掛かりになる。現在の第三代池上飯包に使用するのは、豆干、滷蛋、香腸、嫩薑、陰瓜、梅子、焼肉、ト肉、後腿肉となっている。実際に購入したものとこの食材一覧を照らし合わせれば、これまで〝よく分からない謎の食材〟としか言えなかったものが多少なりとも解明されるだろう。

しかし、今日は全美行で食べると決めているので、悟餐では食べない。実は昨夜に、台東駅近くに悟餐の弁当販売店を見つけ、「正宗池上飯包」を購入していた。夜な夜な、ドミトリーの共用スペースで、時刻表と格闘しながら食べたのだ。

館内風景。池上米に関する展示も多数あり、その伝統について学べる

悟餐の正宗池上飯包。惣菜が整然と並んでいるのが特徴的

そのときの記憶をたどりながら、パズルを解いていこう。

昨夜食べた正宗池上飯包は、ご飯の上に12種類の惣菜が配されていた。うん？この時点ですでに変だ。資料館の食材一覧に記載されていたのは、全部で9種類。3つ余ってしまう。9種類の惣菜が基本で、そのほかは季節によって異なる惣菜が入るということだろうか。それとも、販売店ごとに内容が少々異なるのだろうか。

12種類の惣菜のうち9種類は、縦3列、横3列にきれいに並べられていた。上段左から、豚ロースのチャーシュー、生姜の甘酢漬け、煮豆腐。中段左から、豚バラ肉を煮たもの、豚バラ肉に衣をつけて揚げたもの、ソーセージ。下段左から、豚モモ肉のチャーシュー、がんもどきのようなもの、煮玉子（半分）。そして、9種の惣菜の下に、結び昆布、青菜炒め、キャベツとニンジンの炒めものが敷き詰められていた。

このうち、煮豆腐が豆干、煮玉子が滷蛋、ソーセージが香腸であることはすでに分かっている。問題は、残りの6つだ。嫩薑は、資料館に展示されているサンプルから生姜だと分かった。生姜の甘酢漬けが、嫩薑だ。陰瓜は、資料館の説明書きによると、瓜の漬物。しかし、これはどう見ても正宗池上飯包には入っていない。ト肉がバラ肉で後腿肉がモモ肉だから、それぞれバラ肉を煮たものと揚げたもの、モモ肉チャーシューが該当する。ということは、消去法で焼肉はロースのチャーシューになるのか。ちょっとイメージがずれるのだが。そして、最後まで分からなかったのが「梅子」だ。展示のサンプルは、梅干しともナツメとも見えるようなもの。おそらくこれのことだろう。しかし、正宗池上飯包には入っていなかった。

ちょっとモヤモヤは残ったが、ある程度視野は開けた。そして、資料館の展示サンプルを眺めて、はたと気づいた。ト

肉のサンプルが、今朝食べた關山便當のスナック菓子のような脂身の揚げ物にそっくりなのだ。これが真のト肉で、正宗池上飯包に入っていた豚バラ肉の2品は、また別のものなのかもしれない。

では、ここまでの予備知識を引っ提げて、全美行で池上便當をいただこう。全美行は客数の多い人気店だけあって、關山便當の源昌飯店とくらべるといささか接客がドライだ。店内に入ってすぐのカウンターで注文し、支払いを済ませると、弁当の引換券を手渡される。それを持って奥のピックアップカウンターへ行き、弁当と交換するシステムだ。ピックアップカウンターでは引換券を出してすぐに弁当が供されたので、あらかじめ盛りつけてあるものがたくさん用意されている様子。窓口の開口部が小さく、厨房の様子はあまりよく見えなかった。

店内で食べることもできるのだが、写真を撮りたい（店内は照明が暗い）関係で、外に持ち出してベンチで食べる。経木の箱に、経木の蓋。その上から掛け紙をかけ、輪ゴムで縛る。台湾の駅弁では珍しい掛け紙があることも、日本の駅弁ファンにとってはたまらない要素だろう。その掛け紙には、赤と黄色の2色刷りでSLと女性の笑顔が描かれている。日本風に言うなら、昭和調のレトロな絵柄だ。なお、正確な商品名は「池上鐵路月台便當」。価格は80元（296円）だ。

今回の旅で出合った駅弁で唯一、掛け紙を使用していた

白飯の上にびっしりと配された惣菜は、豚バラ肉に厚く固い衣をつけて揚げたもの、ソーセージ、煮玉子、豚ロース肉のチャーシュー、煮豚、トンカツ、キャベツとニンジンの炒めもの、生姜の甘酢漬け、タクアン漬け、鰹節のみりん漬けのようなもの。計10種類だった。先の学習の成果で、ト肉、香腸、滷蛋、嫩薑はすぐに分かった。ト肉は、スナック菓子のような豚バラの揚げ物で間違いない。そして、ここで陰瓜がタクアン漬けであることも判明。トンカツには赤身と脂を

全美行の池上鐵路月台便當。ト肉（中央下）が大きく、メイン格になっている

混ぜたようなやわらかさと旨みがあったので、おそらくモモ肉だろう。これが後腿肉か。とすると、やっぱり消去法で焼肉はロースのチャーシューということになる。煮豆腐（豆干）は、この弁当には入っていなかった。そして、ここでもやはり「梅子」は謎のままだった。

豚肉料理が中心ではあるが、いろいろな部位が使われていて味わいにも変化があるので、最後まで飽きずに美味しく食べられる。また、白飯もとても美味しい。あらかじめ盛りつけてあるものだからか、關山便當ほどにはふっくらしたやわらかな旨みは感じられなかったが、それでも充分満足できる内容だ。

唯一残念だったのは、購入時にあまり人間味が感じられなかったこと。ピックアップカウンターで弁当の受け渡しが済むと、ガラス窓をピシャリと閉められてしまう。せっかく美味しいものを提供しているのに、こういうところで印象を落としてしまうのは少しもったいない。関山で強烈な印象を残したおばちゃんの笑顔が、ここでも欲しかった。

臺鐵便當と臺富便當　～花蓮駅～

池上から花蓮までは、太魯閣号での移動。普悠馬号と同様、ＩＣカードで乗車すると罰金が科せられる便。窓口で切符を購入するのを忘れずに。太魯閣号は、いわば普悠馬号のひと世代前のタイプ。ひと世代前といっても運用開始は２００７年だから、まだまだ車両も車内設備も新しい。乗り心地は普悠馬号とほとんど変わらず、快適だ。

これで、台鉄については復興号以外のすべての列車種別に乗車したことになる。乗り心地や速達性は普悠馬号や太魯

閣号が優れているが、個人的にはレトロな車両の自強号や莒光号の方が好み。走行中にシートがぐらついたり、フットレストが壊れていたりといったこともあるけれど、それもまた列車旅の思い出になる。むしろ、多少不自由であった方が、旅は楽しいものだ。

区間車についても、同じことが言える。モダンなEMU800型よりも、レトロなEMU500型やDR3000型の方が好き。そして、これらのレトロ車両はラッピングせず、本来の塗装で走ってほしいと、ひそかに願っている。楽しいラッピング列車は、ぜひ新型車両で。

さて、花蓮駅に到着。花蓮は、台湾東海岸の南北のほぼ中間点に位置する。人口は10万人ほどだが、大都市がない東海岸では中核的な役割を担う街だ。駅舎は2018年に供用開始されたばかりの橋上駅で、その規模は東海岸の他駅とくらべて抜きん出て大きい。

駅なか店舗は、橋上の自由通路と、前站側の階段を下りたあたりに集中している。イートイン型の飲食店もあるけれど、洋風のカフェなどが中心で麺類店は見当たらなかった。花蓮扁食麺との出合いを楽しみにしていたのだが。残念だ。

駅弁は、2階の自由通路で購入できる。改札に近いところに、臺鐵便當を販売する「臺鐵夢工場」がある。しかし、訪れてみると60元弁当は売り切れていた。台東の販売店でも一度は売り切れていたし、東海岸の調製所は用意数が少ないのだろうか。

仕方なく自由通路をとぼとぼ歩いていると、弁当を販売する店がもう1軒あることに気づいた。店名は「臺富便當」。一瞬、「臺鐵便當を販売する店舗が2軒あるのか?」と思ったが、よくよく見ると一字違い。少々紛らわしい名称は意図的なものなのか、たまたまなのか。とりあえず花蓮にも足跡を残したいという一心で、こちらの弁当を食べてみる

オレンジライン一本ですっきりしたフォルムの太魯閣号

普悠馬号は、赤の塗装がどことなく歌舞伎役者を連想させる

ことにした。４種類あるなかから、当てずっぽうで「紫米肉片飯」を選択。価格は75元（２７８円）。

前站側は人が多いので、自由通路で後站へ抜け、閑散としたロータリー内のベンチに腰かけて、開封。まず目を引いたのは、惣菜の間から垣間見える米飯だった。白米ではなく、紫米を使用している。しかもよく見ると、色の薄い精米と色の濃い玄米が混ざっていることが分かる。紫米は中国や東南アジアで古くから栽培されており、台湾でもおにぎりなどにして日常的に親しまれている。白米よりも食感が強く、咀嚼するごとにプチプチと弾ける。第一印象は淡白だが、噛めば噛むほど味が出てくる。少なくとも30回は咀嚼するのがオススメだ。速食向きではない。

紫米の上に配された惣菜は、煮豚を中心に、ハム、タケノコと肉そぼろの炒めもの、煮玉子、小松菜のような食感の青菜炒め。肉と野菜がバランスよく組み合わされている。豚肉の味付けは、ごくごく薄い。しかし、適度な脂身とコラーゲン質を含む部位で、肉自体の旨みがしっかりしている。だから、薄味でも美味しく、ご飯も進む。また、青菜炒めからほんのり漂うニンニクの香りも、食欲増進にひと役買った。

臺富便當は、円形の紙製容器。側面には店名がプリントされている

弁当をひとつ食べたけれど、臺鐵便當を購入できなかったことが悔やまれてならない。夕方ならともかく、まだ昼すぎだというのに……。落胆しつつ改札に向かう。その途中で、フイッと臺鐵夢工場を覗くと、なんと60元の「傳統排骨便當」が入荷していた！　調製所から近い駅では、商品が一日に何度も補充されることがある。一度覗いて売り切れていても、少しタイミングをずらせば購入できる可能性があるのだ。喜び勇んで、購入だ。乗車予定列車の発車時刻が迫っ

ていたので、車内に持ち込んで食べよう。

花蓮から乗った列車は、座席にテーブルが備わっていない莒光号。紙製の弁当箱を手に持って食べることになり、やや安定感に欠ける。手で持って食べるには、経木製の80元弁当の方が向いていると思う。それなのに、車内販売の臺鐵便當は、だいたい60元弁当。段ボール箱に詰めたときに安定するし、またよく売れるのが60元弁当なのだろう。

花蓮製の臺鐵便當も、やっぱり排骨がメイン。ややウェッティだが、衣の質感も感じられるものだ。その周囲に、湯葉巻を煮たもの、高菜炒め、煮玉子、そしてハムが配されていた。蓋を開けた瞬間に五香粉の匂いがつんと鼻を突くのだが、排骨を頬張るとそれほど香らない。とてもやわらかく調理されており、食べやすくて好印象だった。味付けは、わりと濃い。

五香粉の匂いを振り撒いていたのは、湯葉巻だった。味付けが濃いうえ、香辛料もかなり利かせてある。ご飯が進むのはありがたいが、日本人の口に合うかどうかは微妙だ。私も、1回食べるぶんには美味しいと感じたが、毎日食べたら飽きるかもしれない。

蓋のデザインは、台東駅で購入したものと同じ。陳世雄氏の水彩画で、タイトルは「新城車站」。

ここで、ひとつ考察が必要になってくる。10月に花蓮で購入した臺鐵便當と12月に台東で購入した臺鐵便當は、パッケージは同じだが内容が異なる。味付けはどちらも濃いめなのだが、排骨の質感は全然違う。同じ調製所で作られたものとは、ちょっと思えない。台東の臺鐵便當は紙箱だけ花蓮バージョンを使っていたと考えるのが自然なのではないだろうか。今さらながら本音を言うと、同日に花蓮と台東で60元弁当を購入すれば、明確な答えを導き出せたはずだ。2カ月のズレに

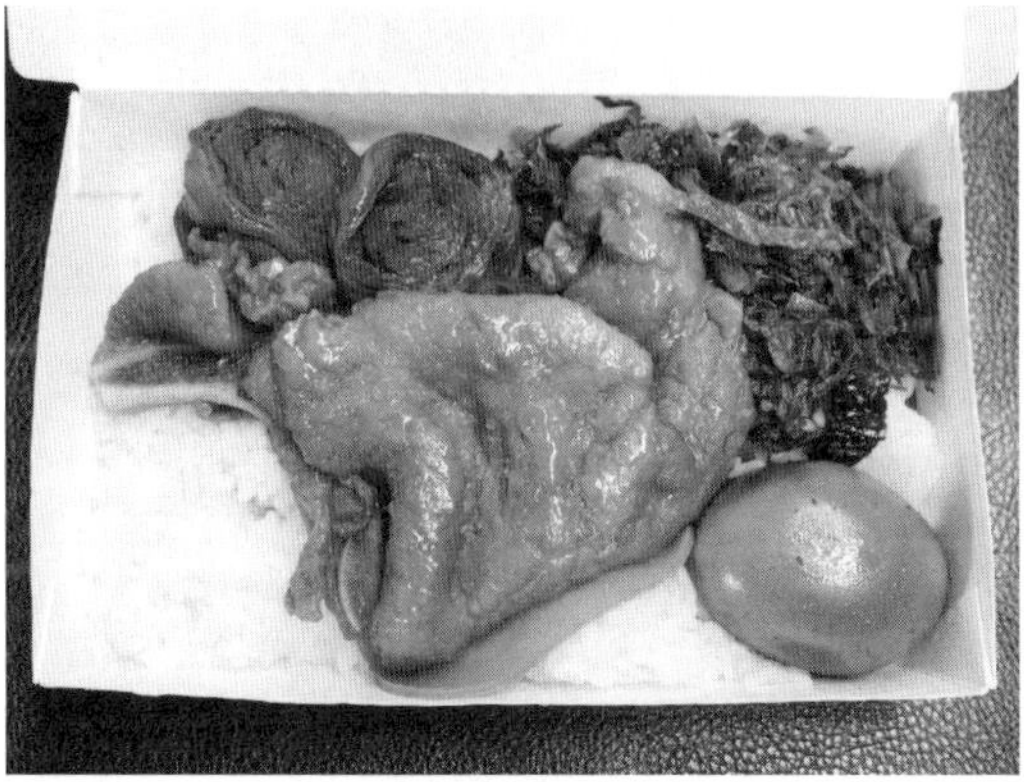

湯葉煮を綺麗に巻いてあるのが特徴的。肉がやわらかく、骨から綺麗にはがれるので、食べやすい

よって、「時期による違い」の可能性が生じてしまったのだ。
10月の訪問時には、台東駅の臺鐵便當が売り切れていて食べられなかった。12月の再訪問時には、花蓮到着が夜間になり、臺鐵夢工場が既に閉まっていた。台東から北上して、花蓮を過ぎてから車内販売で購入すれば花蓮製を食べられるかと期待したが、夜間の列車では車内販売がなかった。再取材を敢行しても、同日にふたつの弁当を食べることができなかったのだ。不完全燃焼なまま旅を終えることになってしまったのは、無念だ。本書内で明確な結論を示せないことを、お詫び申し上げたい。

台湾の車内販売あれこれ

車内販売の話が出たところで、台湾の鉄道車内販売についてまとめておこう。台湾の鉄道で車内販売があるのは、高鉄と、台鉄の対号列車。高鉄はわりと頻繁に回ってくるが、台鉄では5時間乗っていても回ってこないことがある。出合えるかどうかは、半ば運だ。

高鉄の車内ワゴン販売には、高鐵便當のほかお菓子や飲み物なども積み込まれている。日本の新幹線での車内ワゴン販売と同等の品揃えだ。ドーナツ1個で35元（130円）だったので、やや価格が高い印象を受ける。弁当に関しては、駅構内の販売店と同一価格での提供だ。

注意したいのは、自由席車両に乗車していると、混雑時には回ってこない場合があるということ。主に台北・台中間だ。立ち乗り客が通路をふさいで、ワゴンが通れなくなってしまうためだろう。車内販売利用が前提での乗車なら、指定席

文字どおり、車内での駅弁立ち売り。日本ではまず見ることがないスタイル（花蓮〜冬山間にて撮影）

を取ること。それも、通路側が望ましい。前述のとおり、窓口で発券する際に「靠道」と指定しよう。

台鉄の車内販売は、高鉄にくらべるとかなり簡易的なものだ。商品は、基本的に60元の臺鐵便當のみ。それも、専用ワゴンに積み込むのではなく、骨組みだけの簡素なカートに、弁当の入ったダンボール箱を直に乗せて転がす。あるいは、カートすら使わずにおばちゃんがダンボールを抱えて歩くこともある。高鉄の車内販売員はあまり大声を出さないが、台鉄の車内販売員は「びえんたーん、びえんたーん」と声を張り上げるのが常。回ってきたら、すぐに気づくだろう。これは、日本の車内販売にはない光景だ。なお、自強号や莒光号では飲み物の販売がないので、必要なら乗車前に確保しておくこと（飲水器はデッキにある）。普悠馬号と太魯閣号は、車内に飲料の自動販売機が設置されている。

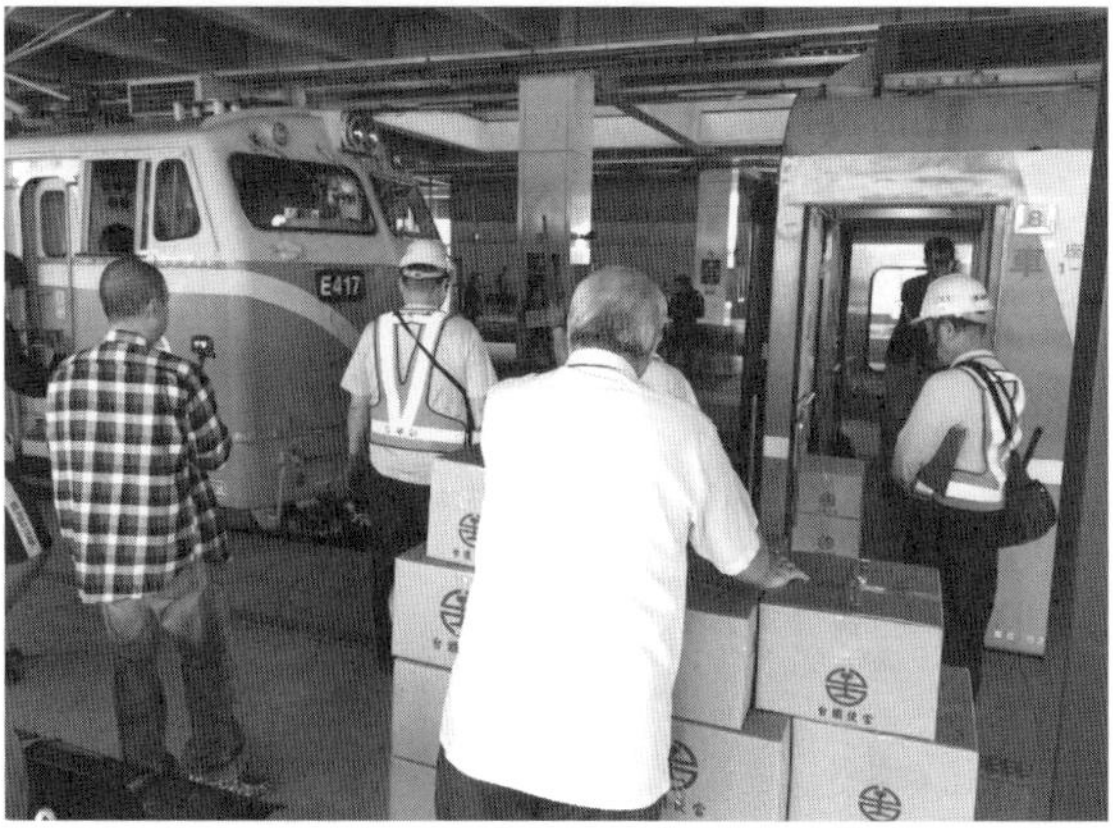
機関車の連結と、臺鐵便當の列車積み込みシーン（七堵駅にて撮影）

車内販売とは別に、ゴミの回収ワゴンも頻繁に回ってくる。高鉄も台鉄も、車内美化への意識は日本より高い。弁当の販売が回ってきて、ほどよく時間を置いてからゴミの回収が来るので、食べ終えた弁当ガラを持て余すことがなく助かる。

七堵駅では、幸運にも大量の臺鐵便當を車内に積み込むシーンに巡り合えた。大きな台車に臺鐵便當が詰まったダンボール箱を堆く積み上げ、ホームで待機。機関車連結に伴う停車時間を利用して、せっせと積み込んでいた。車内販売用だけでなく、各駅の臺鐵便當販売店への輸送にも列車が利用されているようだ。

車内販売で買う駅弁には、駅の売店で買うものとはひと味違った旅情が感じられるもの。味は同じでも、シチュエーションが違えば味わいも違ってくる。列車旅の醍醐味とも言える車内販売を、積極的に利用してみてはいかがだろうか。

福隆駅弁三重奏　～福隆駅～

花蓮から北上する途中、冬山《ドンシャン》駅、蘇澳《スーアオ》駅、羅東《ルオトン》駅、宜蘭駅、礁渓駅で下車してみたが、まだ食べていない駅弁や駅麺には出合えなかった。冬山駅には麺類を扱う飲食店があると聞いていたが、行ってみたらライスバーガーの専門店に変わっていた。羅東駅には臺鐵便當の販売店があり、ここで七堵製に切り替わっていた。七堵製の臺鐵便當は、台北駅ですでに実食済みだ。宜蘭駅には、鴨肉を中心に扱う精肉店が入居していた。そういえば、台中バスターミナル内で宜蘭料理を提供する屋台風飲食店に立ち寄った際、メニュー一覧に鴨肉を使った料理が多数並んでいた。宜蘭名物の鴨料理も、どこかで食べておきたいところだ。そして、同じく台中バスターミナルの屋台風飲食店でサービスされた礁渓郷温泉の名物「金棗茶」が印象に残り、どんなところかと降りてみた礁渓駅にも、駅弁や駅麺はなかった。駅前にあった無料の足湯で長旅の疲れを落として、踵を返すことになった。

次に降り立ったのは、福隆《フーロン》駅。このあたりまで北上すれば、もう台北から日帰りで観光できるエリアだ。東海岸の長閑な雰囲気はまだ色濃く残っているが、列車の網棚に大荷物を乗せた旅客が少なくなっているのを見て、旅の終わりが近づいているとの実感が湧いてくる。

福隆駅でも、かつてホームでの駅弁立ち売りが行われていた。台北からさほど遠くないこともあって知名度が高く、2016年に立ち売りが終了してもなお多くの観光客が駅弁を目当てに訪れる。列車利用の人も多いが、車やバイクでやって来る人も目立つ。複線電化前の旧線部分を活用したサイクリングロードが整備されていることから、駅前にはレンタサイクル店が軒を連ねている。列車でやっ

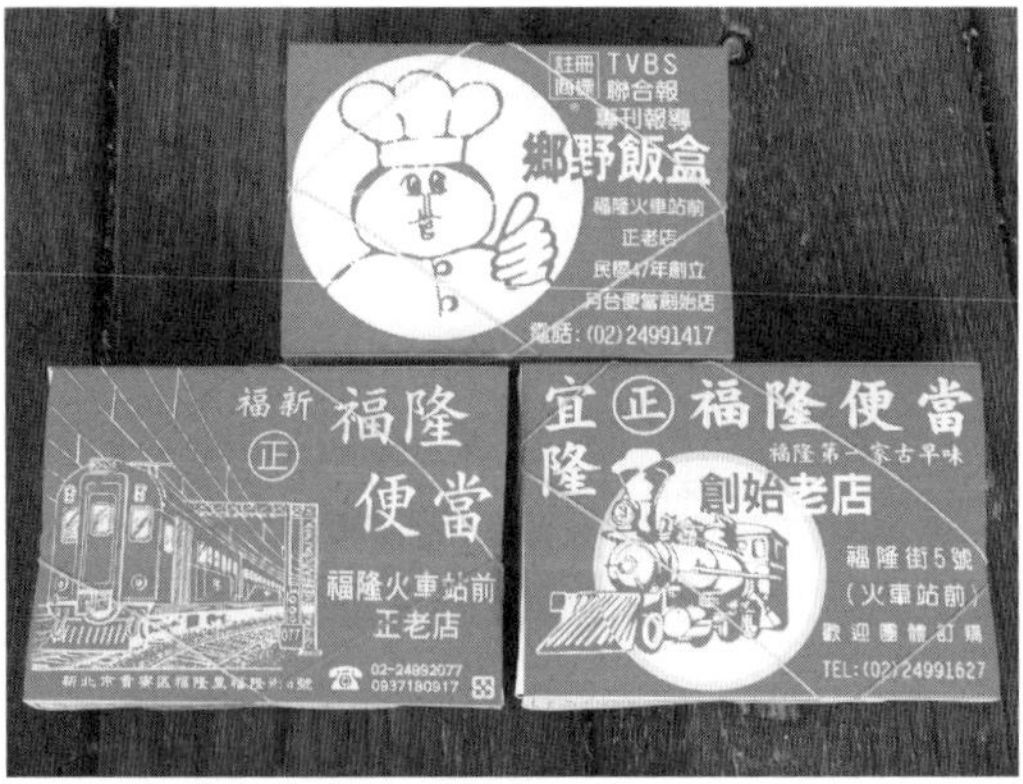

形や大きさが同じなので、複数の店舗で買っても持ち歩きやすい

て来て、買った弁当を携えて、借りた自転車で走り去っていく観光客も多い。弁当店のなかには、レンタサイクル店を兼業しているところもあるほどだ。

駅を出ると、すぐ左手に2軒、右手に1軒の弁当店が見える。左手、駅舎に隣接しているのが「郷野便當」。その隣に、レンタサイクル店を兼業している「宜隆福隆便當」。右手、駅舎の路地向かいにあるのが「福新福隆便當」。駅前から海岸方面へ歩いていくと、さらに数軒の弁当店がある。

このなかで、どの店の弁当を買おうかと、しばし思案。というのも、かつて福隆駅では多くの弁当事業者が構内営業権を取得し、競ってホームでの立ち売りを行っていた。その元祖がどこなのか、定かでないのだ。郷野便當は「正老店 月台便當創始店」、宜隆福隆便當は「第一家古早味 創始老店」、福新福隆便當は「鐵路便當創辦老店」を標榜しており、まるで3軒とも「うちが元祖だ！」と主張し合っているかのような状態なのだ。確かなのは、福隆便當には60年以上の歴史があるということだけ。

悩んでいてもラチがあかない。後で悔やむことになる可能性を消し去るためには、3軒すべての弁当を食べるしかない。3店舗を回って弁当をひとつずつ購入し、サイクリングロードを少し入ったところのベンチに腰を下ろす。

3軒の弁当を並べてみると、大きさや形、パッケージの色遣いがすべて同じであることに気づく。まるで申し合わせたかのように、同じ構造の紙箱で、赤の一色刷り。もちろんデザインは違う。宜隆福隆便當はSL、福新福隆便當は電車。郷野便當だけ鉄道と無関係のデザインで、シェフの絵が描かれている。

ひとつずつ、食べながら味や特徴を見ていこう。まずは、郷野便當から。郷野便當は、保温ケースに入っている作り置きを販売するスタイル。建物に入ってすぐのところに調理場があり、その奥に若い男性の販売員が控えていた。調製シー

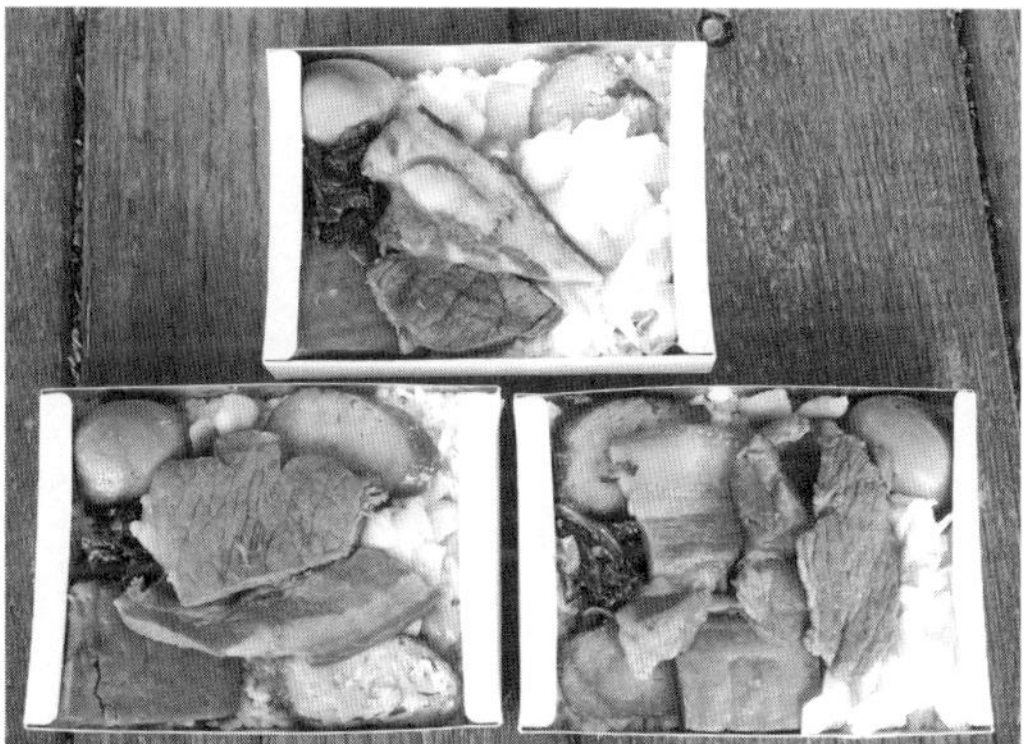

似てはいるが、違いもある。臺鐵便當と違って、豚肉は骨なし

宜隆福隆便當の盛りつけシーン。3人の連係プレーが見事

ンを見られなかったのは残念だ。弁当の名称は「郷野飯盒」で、価格は60元（222円）。

中央に配された惣菜は、豚バラ肉の角煮。その脇を固めるのは、豚肉（赤身）の煮物、煮豆腐、高菜炒め、煮玉子、大根の漬物、さつま揚げのようなもの、キャベツ炒め。一番安い臺鐵便當と同じ価格で、惣菜は倍ほども入っている。なかなかコストパフォーマンスのよい弁当だ。

味付けは、3店のなかでもっとも薄かった。しかし、脂身の多い豚バラ肉の旨みが濃厚なので、物足りなさはまったく感じない。また、大根の漬物に塩気があるから、ご飯とのバランスもとれている。ガッツリ食べたい人でも、こってり味に疲れた人でも、一定の満足を得られる内容だ。

次に、宜隆福隆便當。こちらは訪問時にちょうど弁当の盛りつけ作業を行っていたところで、出来たてを販売してくれた。ただ、店頭で販売ワゴンを準備していたので、基本的には作り置きを販売しているのだろう。価格は65元（241円）。

メイン惣菜は、3枚並んだ煮豚。バラ肉、赤身、そしてコラーゲン質を多く含む部位。とろける旨み、強い歯ごたえにさっぱりした後味、噛むごとに染み出る旨みと心地よい弾力。三者三様の食感と味わいを楽しめるのが特徴だ。周囲には、煮豆腐、ソーセージ、高菜炒め、さつま揚げのようなもの、大根の漬物、煮玉子、キャベツ炒めを配置。盛りだくさんで、箱を空けた時点では白飯がほとんど見えない状態。とてもボリューミだった。

味付けは、郷野便當よりだいぶ濃かった。作りたてだから塩味を強く感じたのかもしれないが。大根とソーセージに、特に強い塩気がある。また、煮玉子にはピータンのような独特の熟成味も感じられた。私はとても美味しいと満足したが、やや好き嫌いが分かれる味覚かもしれない。

そして最後に、福新福隆便當。こちらは、すでに食材の調理は終えていたものの、まとめて盛りつけ作業をしている様子がない。作り置きはせず、すべて注文後に盛りつけるスタイルなのだろう。価格は65元（２４１円）。

中央には、2種類の煮豚。赤身とバラ肉という組み合わせは郷野便當と同じだが、バラ肉の上に赤身を置いている（郷野便當はバラ肉が上になっていた）ことから、赤身の方がメイン格なのだと推察。肉を囲むように配するのは、煮玉子、大根の漬物、ソーセージ、キャベツ炒め、さつま揚げのようなもの、煮豆腐、高菜炒め。

こちらも作りたてだからか、やや味付けが濃く感じられた。全体的に、宜隆福隆便當ほどのクセはない。味が濃くても方向性がオーソドックスなので、日本人の舌にベストマッチしそうだ。注文後に盛りつけるだけあって、白飯がモチモチしていてとても美味しい。

3店の弁当は、味付けこそ異なるものの、惣菜の種類は似通っていた。大根の漬物やさつま揚げのようなものなど、特色ある惣菜まで共通している。池上飯包と同様に、福隆便當ブランドの矜持が垣間見える。そして、3店とも値段がとても安いことに驚いた。これは人気沸騰するわけだ。

私のように弁当3人前を平らげる胃袋を持ち合わせていないのなら、以下の基準で選んでみてはどうだろうか。胃にもたれないあっさりした弁当を食べたい場合には郷野便當。ガツンとくる満足感と個性的な味付けを望むなら宜隆福隆便當、作りたてのアツアツを食べたければ福新福隆便當。また、福新福隆便當は店内や軒先にテーブル席が豊富にあるので、買ってすぐに食べたい場合には福新福隆便當を選択する手もあるだろう。

それでも、味付けが異なる3店の食べくらべは、やっぱり捨てがたい。

福新福隆便當は、ひとりでの盛りつけ作業。丁寧さが光る

猫街の休日 ～猴硐駅～

新北市の東部には、日本人にたいへん人気の高い観光名所が2つある。ひとつは、アニメ映画「千と千尋の神隠し」の舞台のモデルになった九份《ジウフェン》老街。台鉄の瑞芳駅が最寄りだが、駅から少々遠いため、バスかタクシーを乗り継いでの訪問が一般的だ。そしてもうひとつは、内陸部に分け入る平渓《ピンシー》線でアクセスする十分《シーフェン》老街。線路上での天燈（気球のようなランタン）上げが人気のスポットだ。

台北から平渓線方面を訪れる場合、ほとんどの観光客は九份老街の最寄り駅である瑞芳で乗り換える。三貂嶺駅で東部幹線に接続する平渓線の列車は、大半がそのまま東部幹線に乗り入れ、瑞芳へ直通しているためだ。

しかし、平渓線への乗り換えが可能なのは、瑞芳だけではない。東部幹線と分岐する三貂嶺駅や、瑞芳と三貂嶺の間にある猴硐《ホウトン》駅でも乗り換えられるのだ。この3駅でもっとも市街地が発達しているのは瑞芳だが、猴硐も三貂嶺もなかなか個性的なので、〝ちょい寄り観光〟を楽しみたいなら途中下車をオススメしたい。

どちらも、かつて炭鉱で栄えた街。しかし、石炭産業の衰退とともに廃れ、現在は廃墟になっている。そしてその廃墟は、三貂嶺ではそのまま放置され、猴硐では観光地として再生している。三貂嶺駅周辺には人家もあまりなく、自動車が入れないほど狭い駅前には、廃墟しかない。乗降者もきわめて少ない。区間車でも台北から1時間とかからないのに、台鉄全線のなかでもトップクラスの秘境駅だ。

一方の猴硐は、多くの観光客で賑わっている。石炭積み出し用の線路を活用して観光用のミニトロッコを走らせ、また迫力ある選炭場跡を橋上から眺められる。ちょっとした炭鉱テーマパークだ。

猴硐駅近くの選炭場跡は荒れ放題だが、迫力満点。高角度で眺められるのがポイント

それ以上に猴硐の名を知らしめているのは、駅の裏手一帯に広がる「猴硐猫村」だ。山裾の狭隘な住宅地で猫が多く飼育され、そぞろ歩く観光客たちを癒している。猫たちもすっかり人に懐いており、そばに寄っても逃げないから、撫でることもできる。猫用の餌を販売する店もあり、餌付けもできる。もともと猴硐では、炭鉱のトンネルの支柱を食い荒らすネズミを駆除する目的で、多くの猫が飼育されてきた。猫村自体は観光客誘致目的で整備されたものだが、ここにも炭鉱街の特性が表れているのだ。

観光客数は、想定していた以上に増えてしまったようだ。駅やささやかな駅前市街地のキャパシティを、はるかに超えているように見える。改札から表口へ出るための螺旋状の階段は、立ち止まることもできないほどに観光客が列をなす。駅前の狭い路地にも人が溢れ、自動車が通る際には度々クラクションが鳴り響く。駅前の狭い交差点で何度も切り返してUターンしようとするタクシーも多い。人込みのなかでのUターンは、傍目に見ても危険極まりない。

とても窮屈な場所にある店。階段を上り下りする人でごった返す

少々混乱しているようにも見える猴硐。その表口側螺旋階段の直下に、麺類を扱う小さな飲食店「喵美食坊」があった。営業するのは、〝例假日〟の日中のみ。例假日というワードには複数の意味があるのだが、平日に行ったときには営業しておらず、日曜に行ったら営業していたので、ここでは日曜祝日というニュアンスなのだろう。

扱う料理は、麺類と関東煮（おでん）が中心。麺類は、30元の乾拌麵（小）から120元の牛肉麵まで、10種ほどある。また、おでんつゆを転用してのスープ料理もあり、麺類とセットにすると10元引きになる。私は、メニュー表に〝店長推薦〟のシールが貼ってあった炸醬乾麵に、綜合湯をセットにして注文。60元+50元だが、セットなので計100元（370円）だ。

この店のよいところは、厨房が奥ではなく出入口脇にあるということだ。調理シーンを一部始終眺めていられる。おそらく夫婦であろう中年の男女が連携して、料理を作っ

息の合った連係プレーが見もの。ちょっとしたショーを見ているかのようだ

ては盛りつけ、わずか1分ほどで完成。私が「写真を撮ってもいいですか?」と英語で聞くと、片言の日本語で「大丈夫よ」との返事。店の外に回り込んで調理シーンの写真を撮っていたら、もう出来あがった。

炸醤乾麺《ザーチアンガンミエン》は、読み方から連想したとおり、盛岡名物のじゃじゃ麺に近いものだった。白っぽくやわらかい中華麺に甘辛い肉そぼろと青菜をトッピングした、素朴な汁なし麺だ。ルックスでは新烏日駅「五花馬水餃子館」で食べた招牌乾麺との違いが分かりにくいのだが、食べてみるとトッピングされる肉そぼろが全然違った。甜面醤や豆板醤をしっかり利かせてあり、招牌乾麺よりもだいぶ味が濃い。そして、これは店舗独自の工夫だと思うのだが、肉そぼろに小さく刻んだ豆腐がたくさん入っていた。豚肉と豆腐と組み合わせで、甜面醤と豆板醤の味付けだから、花椒抜きの麻婆豆腐のようなイメージだ。親しみやすい味覚で、美味しくいただけた。

綜合湯は、貢丸（摃丸と同じだが、店によって表記が異なる）、魚丸、蘿蔔のスープ。蘿蔔が大根であることは、新烏日駅「五花馬水餃館」で学習済みだ。いずれの具材もおでん種としても扱っているもので、味がよく染みていて美味しい。魚のすり身団子の魚丸も美味しいし、いわんや貢丸は鉄板の美味しさ。個人的に、台湾料理でいちばん美味しいのは貢丸ではないかと思う。日本人の口にも合い、なおかつ強烈な弾力で印象力も強い。店ごとに少々味わいや食感が異なるから、食べくらべても楽しい。機会があったら、台湾全土の貢丸を食べ歩く旅にも出てみたいものだ。

素朴な美味しさは、台湾大衆料理の真骨頂。毎日でも食べられる

第6章

台北近郊散歩、そして凱旋

七堵製の宜蘭風味　～七堵駅～

現代的な七堵駅舎。改札は2階で、待合所や店舗は1階にある

　東部幹線と西部幹線は、八堵駅で合流する。東海岸を北上する列車はすべてそのまま西部幹線に乗り入れるが、西部幹線で台北方面からやって来る列車は、東部幹線に入る列車と、西部幹線の終着である基隆方面へ逸れる列車に分かれる。そして、基隆方面から東部幹線へ直通する列車はない。つまり、東部幹線より西部幹線の方が、便数が多いということになる。

　八堵駅から西部幹線に入って、次の停車駅が七堵駅。その先に百福《パイフー》駅を挟んで、五堵《ウードゥー》駅がある。百福が「六堵」なら五から八まで連番が揃うことになって面白いのになぁ、などとつまらぬ妄想をかきたてられる。実際、百福駅で降りて歩いてみると、わりと近いところに六堵という名の街があった。日本に例えるなら、八戸や二戸など、青森県と岩手県にまたがった〝戸〟シリーズのようなものか。台湾の〝堵〟シリーズも、新北市と基隆市にまたがっている。海から少し離れた七堵は、基隆市内の街。私にとっては、これがやや意外に感じられた。基隆駅まで行ってみて、「基隆市は港町である」と感じていたからだ。

　臺鐵便當の調製所がある七堵。すでに七堵製の臺鐵便當は食べてあるのだけれど、立派なビルディングの駅舎を擁する駅だからほかにも弁当店や麺類を扱う飲食店があるのではないか、と期待しての途中下車だ。しかし、駅舎内で営業していたのは臺鐵便當の販売店とコンビニエンスストアだけだった。乗降者も思っていたほど多くない様子で、大きすぎる駅舎を持て余しているようにさえ感じた。

　この駅舎は、２００７年に竣工したもの。それ以前の旧駅舎（１９０８年築といわれている）は、少し東に移築保存され、その周辺は七堵鉄道記念公園として整備されている。木造平屋の、コンパクトな建物。島嶼部の分校を連想させる、典型的なローカル駅舎だ。かつてはこんなに小さな駅で駅弁を販売していたのかと驚く。新駅舎とのギャップが大きすぎて、にわかには信じがたい。

せっかく降りたのだから、七堵製臺鐵便當のラインナップを確認しておこう。間口を広くとった直営販売店では、6種の弁当を取り揃えていた。そのなかにひとつ、気になるものがあった。100元（370円）で販売している、「宜蘭風味便當」だ。

台中バスターミナルで宜蘭市の郷土料理を中心に扱う飲食店と出合っておきながら、実際に訪れた宜蘭市ではこれといった足跡を残せなかった。そのことが悔やまれていた。そして宜蘭駅構内には鴨肉を中心に扱う精肉店があり、鴨肉を扱った弁当や麺類を食べてみたい、と考えていたのだ。

幸いにも、100元の臺鐵便當は円形容器で、蓋は透明なプラスチック製。購入前に、現物を見て内容を確認できる。そして、陳列された宜蘭風味便當を覗き見ると、鶏肉よりも分厚く質感のある皮をまとった、きれいなピンク色の肉が盛りつけられていた。これは、間違いなく鴨肉だ。思うが早いか、私は財布から100元紙幣を1枚抜き出していた。

ガランと広いコンコースにベンチは少なく、座って食べられるスペースがあまりない。ようやく見つけたのは、駅舎の隅、幅を広くとられた窓枠部分。ここに腰を下ろして、スマートフォンに興じる人々や友人同士でおしゃべりを楽しむ人々の間に割って入り、弁当を開く。

惣菜のラインナップは、これまでに食べてきたどの弁当とも異なるものだった。メイン格であろう惣菜が、ふたつある。ローストした鴨肉のスライスと、ムニエルのような調理を施したサバの切り身だ。そしてその周囲に、球状のコロッケ、

旧七堵駅舎。ひと目で日本統治時代に建てられたことが分かる、純和風建築

驚いたことに、容器は経木製だった。いわば、曲げわっぱだ

スクランブルエッグ、エリンギ炒め、青菜炒め。そして、待ってました！キンカンのシロップ漬けがひとつ。私が抱いていた宜蘭への憧憬が、ギュッと詰め込まれた弁当だった。

強いスモーク香のある鴨肉は、さっぱりした赤身部分と旨み弾ける脂が口の中で混ざり合い、なんとも気高い。そして、力強い。咄嗟に脳裏に湧いたイメージは、百年戦争でフランス軍を率いたジャンヌ・ダルクだった。

肉料理を食べる機会が多く魚に飢えていたこともあって、サバもたいへん美味しく感じた。脂ののりも、悪くない。小骨が歯や舌に触るので、若干食べづらさを感じるけれど、それでもなお満足度は高かった。塩焼きで提供していた台北駅「招来日日便當」とは少し違う、洋風の要素が入った惣菜だ。

周囲の副菜のなかでは、コロッケが美味しかった。沖縄銘菓のサーターアンダギーのような甘さを内包し、料理とお菓子のどちらともつかぬ味わい。これ、ふたつ食べたかった。ひとつは惣菜としてご飯のおともに。もうひとつはデザート感覚で食べるために最後にとっておく。そんな食べ方をしてみたかった。でも、デザートには甘いキンカンがある。

大トリは、譲れない。爽やかな酸味とシロップの甘さが、そよ風のように口腔内を駆け抜けたのだった。

北の担仔麺は、エビより肉　～南港駅～

汐科《シーコー》駅の西で、列車は地下トンネルに入った。ここから先は、台北までずっと地下走行になる。車窓風景を楽しめなくなるのは残念だし、台北でのゴールが地下というのも、やや情感に欠ける。もっとも、台北に着いてからもまだ台北M

RTなどで旅は続く。本当のゴールは、桃園国際空港だ。
地下に潜って最初に停車するのが、南港《ナンガン》駅。台北MRT板南線や高鉄との接続がある、台北市東部の要衝だ。にもかかわらず、台鉄は区間車しか停車しない。普悠馬号・太魯閣号や自強号だけでなく、莒光号さえも通過してしまう。まったく、台鉄と高鉄の縦割り関係には、辟易させられる機会が多い。

鉄道ファンの観点で見ると、南港駅は高鉄の自由席で台中や高雄を目指したい場合に有用だ。台北駅では、高鉄に乗り込む人がとても多い。早めに乗車口に並んでおかないと、座席を確保できない可能性が高まる。しかし、始発駅の南港で乗車する人はさほど多くないので、南港から乗ればまず間違いなく座れる。台北駅から台中方面へ行く場合であっても、一度台鉄などで南港まで行ってから高鉄に乗り換える。裏技というほどではないが、ちょっとした旅のテクニックだ。

グルメの観点でも、南港駅は要注目だ。鉄道の要衝でありながら駅周辺には大規模な繁華街が形成されていないので、グローバルモールが直結する駅なかに需要が集中している。飲食店は数えきれないほどあり、区間車しか停車しない駅とはとうてい思えない充実ぶりだ。

麺類を扱う店もいくつかある。そのなかで私が気を留めたのは、グローバルモールの一番奥にあるフードコートに店を構える「洪祖師擔仔麵」だった。台北のイメージが強い牛肉麺を台北・高雄・屏東で食べくらべたのだから、台南のイメージが強い担仔麺もぜひ台南エリアと台北エリアとで食べくらべてみたい。量が少ないであろうことは想像できたけれど、この先も台北市内での食べ歩きが続くので、単品で擔仔麵だけをオーダー。価格は60元（222円）。

支払い時に手渡された呼び出し用のバイブレーターが作動して、ピックアップカウンターへ取りに行く。手にした擔仔麵は、見た目がとてもかわいらしいものだった。新左営駅「周氏蝦捲」で食べた担仔麺よりもスープの色が薄く、麺がはっきり見える。そして、

日本のフードコートではお馴染みの、呼び出し用バイブレーター。台湾では日本ほどには普及していない

中央に綺麗に肉そぼろを盛り、その上におろしニンニクの小山をのせ、頂上に殻を剥いたエビが一尾。有頭エビをトッピングする周氏蝦捲のような豪快さはなく、どちらかというと女性的なやさしさを感じる一杯だ。

味も、周氏蝦捲とくらべると、だいぶ穏やかだった。まず、パクチーがのっていないので、全体的に癖がなく食べやすいし味も分かりやすい。麺は、やわらかめでコシのない中華麺。小学校時代に給食でよく食べたソフト麺に似ている。おそらく、湯せんするだけで提供できるものなのだろう。スープは、塩味ベース。とてもあっさりしているけれど、ニンニクが利いているため意外と主張力は強い。そして、食べ進めるごとに肉そぼろがスープに溶け出し、醤油系のコクのある味わいに変化していく。この変化が楽しいので、肉そぼろは最初に全部混ぜてしまうのではなく、食べ進めながらおろしニンニクとともに少しずつ溶かしていくのがよさそうだ。

全体の印象としては、とても簡便的な一杯だった。ボリューム感も含め、日本の「駅そば」に通じるものがある。そして、新左営など南部の担仔麺と比較すると、スープにも具材にも、エビの存在感があまりない。どちらかというと肉そぼろに入っている豚の旨みの方が前面に出ていた。

モヤシとニラも、少量トッピング。小腹満たしにちょうどいいボリュームだ

洪祖師擔仔麵は台南市に本店があるチェーンなので、これが台北の担仔麺の特徴であるとまでは断言できない。ただ、洪祖師擔仔麵の公式ホームページに掲載されている写真では擔仔麵にパクチーがトッピングされているから、南港駅の店舗は本店とは異なるレシピで提供されているという想像はできる。いったん「台北の担仔麺はあまり癖がなく食べやすい」という仮説を立てておこう。

パスタのような肉燥乾麺　～松山駅～

台北まであとひと駅、松山《ソンシャン》駅で台鉄最後の途中下車。台北MRT松山新店線との接続があり、周辺に観光名所も多い駅だから、きっと駅弁や駅麺があることだろう。そう確信しての途中下車だった。

松山というと、日本人なら愛媛県の松山市を連想する人が多いだろう。両者はまったく別ものなのだけれど、駅名の漢字表記が同じということで、2016年に姉妹駅協定を締結している。漢字文化圏の国同士だから、同じ字面になることは決して珍しくない。松山のほか、板橋、清水、岡山、府中といった名の駅が、台湾と日本の両方に存在する。

臺鐵便當は、EMU100型電車を模した店舗で販売している。鉄道車両型の店舗は、台北駅、桃園駅、新左営駅、羅東駅などで見てきたが、そのどれよりも規模が大きい。松山は台北の隣駅で、すでに台北市内に入っているのだが、扱う弁当はまだ七堵製だった。これで、七堵製と台北製の境界線も判明した。七堵製は台北駅でも販売しているから、境界線は台北駅のなかにあることになる。

駅舎内に、姉妹駅協定締結を記念した展示コーナーがある

飲食店は、駅舎の1階（改札は地下1階、ホームは地下2階）に集中している。フードコートはなく、メイン通路に沿って1店舗ずつ独立した飲食店が並んでいる。その多くはダイニング形式なので、駅麺と呼ぶにはやや苦しい。そんななか、1店舗だけファストスタイルで麺類を提供している飲食店「黒面蔡」があった。台北市内に10店舗程度を展開するミニチェーン店だ。そしてなぜか、海を渡って中国本土の厦門《エーメン》市にも数店舗ある。

このチェーンは、店頭で「滷春秋」を謳っているように、「滷」が売り。つまり、煮もの料理だ。だから、私が注文した「肉燥乾麺」にも、煮玉子がトッピングされた。スープ、副菜とのセットで、139元（514円）。メニュー表に掲

スープには摃丸と豚肉、白菜のような青菜が入っていて、ボリューミー。副菜はキャベツ炒め

載された写真を見ると、ご飯ものの看板メニュー「滷肉飯」も、ご飯の上に肉そぼろに加えて煮玉子をのせるようだ。店舗脇のオープンテラスのようなテーブル席で、早速いただこう。

肉燥乾麺のルックスは、新烏日駅「五花馬水餃館」で食べた招牌乾麺に近かった。汁なし中華麺の上に、モヤシと一緒に肉そぼろをかけたものだ。メニューの字面が少々異なるけれど、調理法はほぼ同じものなのだろう。

しかし食べてみると、麺の印象がずいぶん違った。見た目にやや黄色がかっている中太麺は、まるでデュラム小麦を使ったパスタのように硬質で、台湾の麺料理では異例とも思えるほど強い香ばしさが感じられた。これは日本人の舌によく合う。肉そぼろは醤油系の味付けで、猴硐で食べた炸醤麺にくらべるとだいぶ薄味なのだが、豚の脂身が多く使われていることもあってコクが深く、薄味でも美味しく食べられる。そして、煮玉子。こちらも、臺鐵便當に入っている煮玉子よりだいぶ薄味。おでんのような味わいだった。香辛料の香りもあまりないので、これも日本人が馴染みやすい味覚だろう。

この手の麺料理は、台湾ではどこの家庭でも作っているような、庶民的家庭料理。とても素朴でさっぱりしているイメージを抱いていた。そして、新烏日駅で食べたときには「なるほど」と頷いたものだ。しかし、旅の終盤に松山で食べた一杯には、そのイメージを転覆させるほどの訴求力があった。家庭料理だけに、店ごとに味わいが大きく異なるのかもしれない。たとえ同じ料理でも、店が変われば味も変わる。ふたつとして同じものなど存在しないのだ。

台北MRTを乗り倒そう

松山から、区間車でも対号列車でもひと駅。遂に、台北駅に戻ってきた。10月16日に始まった旅は、10月26日の台北凱旋をもって台湾一周が完成した。一周するのに11日かかった（本書掲載の情報には9月のロケハン時や12月の再取材時のものも含まれているので、のべ日数ではもっとかかっている）。本書を読んで、台湾はずいぶん大きな島なのかなと思う人もいるかもしれない。しかし、これは各駅探訪のために途中下車をする回数がかなり多かったためで、実際には1泊2日で一周することも難しくない。乗るだけなら、1日でも一周できてしまう。台北駅を朝6時10分に出発する莒光号は、台中、高雄、台東、花蓮を経由して、19時52分に終着の台北に着く。台北発、台北行き。そんな列車もあるくらいだ。

小学生の頃、遠足からの帰り際、学校で解散する際に毎回「家に着くまでが遠足です」と言われた記憶がある。今回の旅も、同じだ。台湾一周が完成しても、まだ旅は終わらない。桃園国際空港から飛び立つまでが、台湾駅弁&駅麺探訪の旅。帰国には、29日の早朝便を予約している。台北に、あとまるまる2日間滞在できる。この2日を使って、台北市内や近郊のMRT駅などを探訪していこう。

台北MRTは、台北市と新北市にまたがって走る都市鉄道で、路線は文湖線、淡水信義線、松山新店線、中和新蘆線、板南線の5つ。これに加えて、淡水信義線の北投《ベイトウ》駅から分岐する新北投支線、松山新店線の七張《チーチャン》駅から分岐する小碧潭《シャオビタン》支線がある。また、中和新蘆線は、途中の大橋頭《ターチャオトウ》駅で二手に分かれ、Y字を描く路線になっている。さらに、私が訪問した時点ではまだ工事中だったのだが、2020年1月31日に環状線が一部区間で開業している。

台北市の中心部では、文湖線以外のMRT各線は地下を走る。しかし郊外では、地

板南線や松山新店線は、ホームの天井が吹き抜け状になっている駅が多い（松山新店線大坪林駅にて撮影）

ホームドアが設置されている駅も多い（新北投駅にて撮影）

上や高架を走る路線も多い。そのため、「地下鉄」と称するほどには地下を走る割合が高くない。フランスの自動案内軌条式旅客輸送システムが導入されている文湖線にいたっては、松山空港周辺で一時的に地下に潜るほかは、ほぼ全線が高架になっている。地下から高架への乗り換えは、なかなか大変だ。

運賃体系は全路線共通で、台北ＭＲＴ同士で乗り換える際には通し運賃が適用される。運賃は20～65元（74～２４１円）。日本の鉄道にくらべれば安いが、台鉄よりはだいぶ高い設定だ。私が訪問した時点では、ＩＣカードで乗車することで一律2割引きになった。ただしこのサービスは、２０２０年1月31日をもって終了となり、2月以降は月ごとの利用回数に応じた割引きに変更されている。月間11回以上乗って初めて翌月に割引きが適用されるので、短期の旅行者にとっては単純に割引きがなくなった感覚だ。

利用時の注意点は、桃園ＭＲＴと同じ。改札内では喫煙だけでなく飲食も禁止。ＩＣカードではなく切符で乗る場合、青いコイン型の切符（トークン）を紛失・破損すると罰則あり。そして、乗車距離に関わらず、改札を入ってから2時間以内に下車駅の改札を出ないと罰則がある。大回り乗車をする場合などには、特に注意が必要だ。

長らく台鉄で旅をしていると、ＭＲＴ乗車時にちょっと感覚が狂う。というのも、台鉄は左側通行だが、ＭＲＴは右側通行なのだ。台鉄の線路の多くは、日本統治時代に敷かれたものだ。この時代には、鉄道も道路も左側通行だった。戦後にアメリカの影響下で新たな交通政策が推し進められた際、鉄道よりも自動車による交通輸送を重視し道路を右側通行に改めたが、鉄道は左側通行のままになった。鉄道の通行区分を切り替えるためには、線路の切り替えなど大がかりな設備改修が必要だったという側面もあるかもしれない。

１９８０年代になって、渋滞や大気汚染の対策が必要となり、台北ＭＲＴの建設が始まる。新たに線路を敷いた（一部、台鉄の廃止線を再利用している区間もある）ＭＲＴは、フランスの輸送システムを導入する計画だった（実際に導入されたのは文湖線のみ）こともあり、右側通行で整備された。こうして、台鉄とＭＲＴとで通行区分が異なるというへんてこな状況が生まれたのだ。ちなみに高鉄は、日本の技術が多く使われていることもあり、台鉄と同じ左側通行になっている。

ＭＲＴ各線の乗り心地は、あまりよくはない。座席は桃園や高雄のＭＲＴと同じくプラスチック製で、加減速時にお尻が滑る。そして、桃園ＭＲＴと違ってラゲッジスペースや網棚がない。だからといって膝の前に大型のキャリーバッグを置くと、通行の妨げになる。各線とも利用者が多く、終点近くになっても混雑している場合が多いので、大きな荷物を抱えての乗車には向かないと言える。

そのなかで、私がいたく感心したことがある。それは、高齢者や妊婦などに座席を譲る習慣が、日本よりもはるかに深く浸透していたことだ。高齢者や妊婦などが乗車してくると、優先席（台湾では「博愛座」と表記する場合が多い）に限らず、まるで競っているかのように多くの人が席を譲ろうと立ち上がる。日本人が学ぶべきところもたくさんあるように感じた。

無人運転の文湖線の先頭車両では、シミュレーターのような感覚を楽しめる（動物園駅付近にて撮影）

チーズと寿司の相性は　～圓山駅～

ＭＲＴ龍山寺《ロンシャンス》駅近くの場末のドミトリーに投宿。土日の宿泊になるので、ドミトリーの相場も少々上がっており、２泊で２５００円ほどを要した。台湾での宿泊は、金曜と土曜が特に高い。平日や日曜の１・５倍くらいになる。もちろん、日本と台湾を結ぶＬＣＣ航空便も、金土日は高い。安く上げたいのなら、極力平日の旅程を組むのが吉だ。

さて、まずは淡水信義線で、北へ向かおう。２０１７年に台湾を訪れたときに、板南線と松山新店線、中和新蘆線は乗車した。しかし、淡水信義線と文湖線は乗る機会がなかった。まったくの未知エリアだから、真っ先に探訪したくなったのだ。また、淡水信義線の紅樹林《ホンシューリン》駅と丘の上のニュータウンを結ぶ淡海軽軌（ライトレール）が２０１８年12月に一部開業しており、これに乗ってみたかったという事情もある。

淡水信義線で台北から北上していくと、中和新蘆線と接続する民権西路《ミンチュエンシールー》駅の先で地上に出て、一気に高度を上げて高架になる。高架になって最初に停車するのが、圓山《ユエンシャン》駅だ。地下駅よりも地上駅、地上駅よりも高架駅の方が、駅弁や駅麺と出合える確率が高い。なぜなら、高架下に店舗などの入居スペースがあるからだ。

すると、圓山駅の改札外で、いきなりテイクアウト形式の寿司店「嘗鱻」を発見した。テイクアウト寿司は、第４章で高鉄台南駅「争鮮」を紹介している。争鮮は、台湾全土の駅構内に店舗を構え、イートインスタイルの回転寿司店を併設する店舗もある大型チェーン。一方、今回邂逅した嘗鱻は、台北ＭＲＴや桃園ＭＲＴの沿線に数店舗を構える、テイクアウト専門の小型チェーンだ。食べくらべることに、一定の意義がありそうだ。

テイクアウト寿司を駅弁に含めるかどうかについては、議論が割れるところだろう。もしかしたら、否定的な意見の方が多いかもしれない。しかし、前述のとおり、台湾には日本の構内営業中央会に相当する組織がなく、〝駅弁〟の定義を明確化することが困難だ。明確化できない以上、最大限の拡大解釈を施すのがベストだと考える。そこで本書では、テイクアウト可能な弁当類を販売する店はすべて対象に含める方針としている。情報量は、少ないより多い方がいいに決まっている。足枷は、無暗につけない方がいい。

商品は、争鮮と同じように、セットものとアラカルトものに大きく分かれている。

見慣れないネタがズラリと並ぶアラカルト寿司は、眺めるだけでも楽しい

セットものには、握り寿司だけでなく、ちらし寿司スタイルの海鮮丼、さらにはサンマの蒲焼をメインとする丼ものまで取り揃えている。価格帯は、100~130元くらい。争鮮より少し高い。アラカルト寿司は、ビニールで個包装された寿司を1貫ずつピックアップして、客が自分でパック詰めを行うもの。陳列面積としては、こちらの方が大きくとられている。メカブやコーンの軍艦巻き、アサリを韓国式に辛く味付けたものなど、日本ではあまり馴染みのない変わり種も多い。

そのなかで私が注目したのは、ネタの上にチーズをトッピングして軽く炙った寿司が散見されたことだった。個包装しにくいためかアラカルト寿司のラインナップには入っていないのだが、セットものに高確率で入っている。そこで、チーズをのせたものとのせないものが両方入っているサーモンとホタテの握りセットを買ってみることにした。正式な商品名は「極炙鮭魚・干貝」。10貫入りで130元（481円）だから、決して安くはない。

マヨネーズもチーズも悪くないが、私の好みに合っていたのは、醤油を塗ったホタテ

圓山駅の東側には、2010年に開催された台北国際花博覧会の会場を再整備した花博公園がある。高層ビルがほとんど見えず、代わりに青空が広く開けて見える。とても開放的な気分になれる場所だ。その前庭にたくさん設置されてあるベンチのひとつに腰を下ろし、蓋を開ける。

内容は、サーモンがマヨネーズのせ3貫とチーズのせ3貫、ホタテ（ベビーホタテ）が生の醤油塗り2貫とチーズのせ2貫。サーモンもホタテも、炙ったものと生のものを食べくらべられる。生のサーモンにマヨネーズをのせている点が、個人的にはやや蛇足に感じるところではあるが。

食べてみて、チーズをのせて炙る理由がなんとなく分かったような気がした。争鮮で食べたときにも感じたように、台湾の寿司はシャリもネタも淡白なのだ。特に、旨みが強いネタであるはずのサーモンに、あまり旨みがない。日本で主に流通しているものとは産地が異なるのか、脂が全然のっていないのだ。チーズをのせて旨みを強め、炙ることで香ばしさを出す。旨み不足を補う工夫は、台湾の大衆寿司に関しては理に適っているように感じた。生のサーモンにマヨネーズをのせるのも、同じ理屈だろう。

見た目も楽しい清敦牛肉麺　～新北投駅～

一度紅樹林駅まで行き、淡海軽軌に乗ってみた。淡海軽軌の紅樹林駅は、MRTの駅から北側に少し離れている。ホームへ続く階段の下に、タッチパネル式の切符販売機。ICカードで乗車する場合は、階段を上った先の簡易改札機にタッチ。運賃は、一部区間のみで運行している現在は20～25元（74～93円）。

淡海軽軌を運営するのは、開業にあたって新北市政府により設立された新北捷運公司（開業から3年間は、暫定的に高雄捷運公司が運営）。台北MRTとは別会社の運営になる。ライトレールのためだけにわざわざ新会社を立ち上げるとは思えず、調べてみると、新北捷運公司の運営によるMRTが計5路線計画されていた。すべて実現すれば、台北MRTだけでなく桃園MRTとも接続されることになる。台北市および近郊に、台北捷運・桃園捷運・新北捷運と3つの運賃体系が異なるMRTが走ることになるわけだ。東京メトロと都営地下鉄が入り組む東京に近い形態になる。今後、目的地までの行き方や運賃計算が複雑になること必至だ。ますますICカードの必要性が高まるだろう。

淡海軽軌の利用者はなかなか多い。座席は、やっぱりプラスチック製（紅樹林駅にて撮影）

淡海軽軌の乗り心地は、高雄環状軽軌と同等だった。走行時の揺れはあまり大きくないが、発車・停止時に少々の衝撃がある。また、急カーブが多いので、スピードはあまり出ない。イメージとしては、沖縄のゆいレールに近いだろうか。そして、高雄環状軽軌と違って、車両は台湾製（ドイツ・フォイト社の技術供与で台湾車輛が製造）だった。ライトレールとしては初の、国産車両での運行路線だ。紅樹林から丘を上る間はかなり高い高架線路を走り、丘を登り切った先の市街地では地平走行になる。

淡海軽軌に乗るついでに探訪した淡水《タンシュイ》駅、紅樹林駅では、駅弁や駅麺には出合えなかった。紅樹林から台北に戻る途中、ほんの気まぐれで北投駅から支線に乗り換えて新北投駅へ。新北投は、日本統治時代に栄えた温泉街が有名な観光地だ。訪れる日本人も多いようで、到着する際には日本語の車内アナウンスも流れた。

乗客の多くが駅を出てまっすぐ温泉街を目指すなか、私はひとり人波から外れて、ホーム直下の商店街を覗きに行く。人々のメイン動線から外れているためか、10店舗ほど連なる商店街にはあまり活気が感じられなかった。15時過ぎという訪問時間もよくなかったかもしれない。台湾では、午後に中休みを設ける飲食店が少なくない。牛肉麺をメインに扱う「阿義師牛肉麵」も、中休み中だった。店頭に掲示されたメニュー表を見て、絶対に食べ逃してはならない牛肉麺がまだひとつ残っていることを思い出した。紅焼牛肉麺とはスープが根本的に異なる、清敦牛肉麵だ。

時間の決まった予定が詰まっているわけではないから、焦ることはない。いったん温泉博物館や源泉地の「地熱谷」などを見学して歩き、中休みが明ける17時を過ぎてから再び阿義師牛肉麵へ。

先客のない店内に入ると、若い男性店員が厨房から出てきてレジに立った。先払いということか。このシチュエーションだと舞い上がってしまうこともあるのだが、幸いにも中休み中に一度訪れてメニューを確認し、食べたいものはもう決

もうもうと湯気を上げる地熱谷。別府温泉の地獄めぐりのような雰囲気を楽しめる

まっていた。清敦原香汁牛肉麵を指さしオーダー。価格は198元（733円）と高い。清敦牛肉麵が高級品なのではなく、この店がやや高級志向なのだ。観光地だから、致し方ないか。

中休み明け直後だから準備が万端ではなかったのか、5分以上待たされた。普段ファストスタイルの飲食店でばかり食事をしている私にとっては、そろそろ貧乏ゆすりが始まろうかという待ち時間の長さだ。そして、やっと到着した牛肉麵は、一瞥して私の目を見開かせるものだった。

まず、器が変わっている。ふたつの持ち手（耳）がついていて、3本の脚で胴体を支える高足型の器。これは鼎を模したものだ。まさかファストスタイルの食事を所望する私が、このようなしゃれた器に出合うことになるとは。

清敦牛肉麵は、澄んだ塩味スープで仕立てる牛肉麵。醤油系の香ばしさや酸味がなく、スッキリした味わい。麵や肉の旨みがダイレクトに伝わるので、ごまかしが利かないメニューだと思う。東京の街中華に例えれば、タンメン。

丼を手で持って食べるには向かない形状。海藻の中華風サラダが付く

そのスープには、わりとしっかりした塩味が感じられた。塩辛いのではなく、丸みのある旨みが利いた、岩塩のような塩味だ。台湾の麵類は、日本人にとっては全体的に味が薄い。その日本人の舌に、バッチリと合う味覚だ。新北投は日本人も多く訪れる街だから、ある程度日本人客を意識した味付けなのかもしれない。これに細切りの生姜をトッピングすることで、少し薬膳のような風味が加わる。

合わせる麵は、太麵と細麵から選べる。太麵がオリジナルとのことなので、こちらを選択した。うどんときしめんの中間くらいの平打ち麵だ。中華麵に特有の甘みはあまりなく、味覚的にもラーメンよりうどんに近い印象だった。スープとの相性がよく、これはこれで美味しいし、食べごたえもある。

豪快にトッピングされた牛肉は、シチューのようにやわらかく煮込まれてあり、口に入れた途端にほろほろとほぐれる。コラーゲン質を多く含むので、パサつきもない。脛肉だろう。牛肉のほかに茹でたチンゲン菜とニンジンをトッピングし、見た目も華やかに仕上げていた。

上品で洗練された味わいだけれど、しっかり満足させる力強さもある。値段が高いだけのことはあって、なかなか印象深い一杯だった。そして、必ずしも「上品＝味が薄い」ではないということを、再認識させられたのだった。

童心に帰るひととき　～動物園駅～

淡水信義線の次は、これまた2017年の訪問時には乗らなかった文湖線だ。台北市の中心部でも高架線路を走り、全線で無人運転されている文湖線は、台北MRTのなかでも異色の存在と言える。運賃体系こそMRT各線と共通になっているものの、どちらかというとライトレールに近い。日本に例えるなら、東京のゆりかもめのようなイメージだ。

高架走行部分が多いから、各駅の高架下には店舗も多く入っているのではないか。そう考えて探訪してみたのだが、意外と店舗は入っていなかった。幹線道路の真上を走る区間が多く、高架駅舎の下に店舗が入るスペースを確保することが難しいのだろう。探訪してみた10駅のなかで、麺類を扱う飲食店が入っていたのは終点の動物園駅だけだった。駅弁にも、出合えなかった。

動物園駅の1階に店を構えていたのは、「葡兒飛」という軽食店。〝兒〟の字が入っていて、看板には赤ん坊をモチーフにしたロゴマークが描かれている。一瞥しただ

文湖線の中山国中駅。駅の真下が幹線道路で、店舗の出店余地はない

子どもには喜ばれるだろう。大人が食べるなら、ライスバーガーの方がよさそうだ

けで、子どもあるいは子連れ客向けの店なのだと分かる。40半ばのオジサンがひとりで入るには、少々勇気が必要だった。

この店でメインに扱うのは、アイスクリームとドリンク。しかし、軽食メニューも充実しており、小龍包やライスバーガー、炒飯、パスタなどを提供している。私の目当ては、当然パスタだ。パスタは2種類あり、どちらもスープとデザートがセットになっている。白醤徳式香腸義大利麵か、蕃茄肉醬徳式香腸義大利麵。ドイツ式ソーセージであろう徳式香腸は両方に入っているので、選択の決め手は白醬か、蕃茄肉醬かだ。蕃茄は、トマトだと分かっている。肉醬は肉そぼろのソースだろう。トマト肉そぼろソースということは、ボロネーゼだ。埔心駅の「鮮洛檸」で、これにやや近いものをすでに食べている。台湾の郷土料理ならともかく、パスタの同じメニューを食べくらべる必要はあるまい。

問題は、白醬が何なのか。新烏日駅「麥味登」で食べた青醬がバジリコだったことから類推すると、白醬はペペロンチーノのようなものだろうか。入店して、若い男性店員に聞いてみる。すると、白醬はクリームソースだという。なるほど、読んで字の如し、ホワイトソースだったか。価格は１８０元（６６６円）。完全に観光地価格だ。

着席して待つこと3分ほど。注文を聞いた店員が、トレーにパスタとコーンポタージュ、ゼリーをのせて、配膳にやってきた。ピンク色のスープ皿に、鮮やかなオレンジ色のゼリー。まるでお子様ランチのようだ。配膳される瞬間が、いちばん恥ずかしかった。

そんな恥ずかしさも、食べ始めて味覚に集中すれば、どこかへ吹き飛ぶ。ホワイトソースとともにミックスベジタブルを絡めたパスタには、輪切りのソーセージをトッピング。徳式を名乗るからには大ぶりなソーセージを使うのだろうと思っていたが、普段の食卓にのぼるような粗挽きソーセージだ。ミックスベジタブルには、樂雅樂の弁当と違ってニンジンも入っていた。コーンポタージュは、ほとんど具材なし。そしてゼリーは、胸が焼けるほど甘かった。いずれも、作り込まれた味わいではなく、いかにも簡易的なもの。グルメ探訪と意気込んで食べると、少々拍子抜けする。

ポイントは、動物園駅はその名のとおり台北市立動物園の最寄り駅であり、また猫空ロープウェイへの乗換駅でもあるということだ。当駅で乗降する人は、そのほとんどが動物園かロープウェイを目当てに訪れる観光客。駅周辺にはほとんど人家がなく、したがって飲食店も見当たらない。曲がりなりにも駅なかに飲食店があることで、観光客は空腹を満たすことができるのだ。その一点が、何よりも大事なのだと思う。

駅と駅をつなぐ地下街　～忠孝敦化駅～

ここまで、台北ＭＲＴの高架駅を中心に探訪してきた。改札内での飲食が禁止されていることもあり、地下にはあまり飲食店などがないのだが、1軒くらいは地下の店舗も取り上げたい。そう考えた私は、板南線の忠孝敦化駅《ジョンシャオドンファ》に降り立った。

当駅には、心当たりがあった。2017年に初めて台湾を訪れた際、忠孝敦化駅近くのドミトリーに宿泊し、このエリアを歩いた。そのなかで、板南線の忠孝敦化駅と隣の忠孝復興駅《ジョンシャオフーシン》は「東区地下街」で結ばれていることをチェックしてあった。そこに飲食店があるかどうかまでは記憶していなかったが、台北駅の地下街にあれだけ多くの飲食店があったのだから、きっと東区地下街にも1軒や2軒の飲食店はあるはずだ。

そして、祈るような気持ちで歩いてみたら、「玉口香」「黒面蔡」「八方雲集」の3軒が見つかったのだった。黒面蔡は松山駅ですでに食べているし、八方雲集は台湾全土

東区地下街は、台北駅の地下街ほど混雑しておらず、落ち着いて歩ける

シンプルすぎる見た目に反し、食べると絶大な個性を発揮する

にある大規模チェーン。旅の終盤で、敢えて食べようとは思わない。扁食（ワンタン）が売りの「玉口香」に入ってみよう。

ワンタン麺があれば食べようと思ったのだが、レジ前に立って写真入りのメニュー表を見ると、それらしい麺料理がない。扱う麺類は、蘭陽乾麺、葱油意麺、XO醤麺の3種類。いずれも汁なし麺で、価格も50～60元（185～222円）と似通っている。このなかで、蘭陽乾麺とXO醤麺は、どちらもルックスが招牌乾麺や肉燥乾麺に似ている。まだ食べたことがない種類の料理は、葱油意麺だ。これも汁なし麺だけれど、写真を見ると麺の上に肉そぼろをかけるのではなく、麺と味付けのタレ、そして具材も一緒にかき混ぜたようなスタイル。ほぼ、これを注文するつもりでいた。

それなのに、最終的に注文したのは蘭陽乾麺（50元）だった。その理由は、メニュー名に「蘭陽」の文字列が入っていたからだ。日本国内でグルメ探訪をするときもそうなのだが、どうも私はご当地ものに弱い。宇都宮餃子、旭川ラーメン、津山ホルモンうどん。地名が入ったご当地グルメに出合うと、食べずにいられなくなるのだ。

蘭陽は、東海岸の宜蘭県にある街の名だ。今回の旅ではこれといった足跡を残せなかった、宜蘭。しかし、台中バスターミナルの屋台風飲食店に七堵駅の臺鐵便當、そしてここ忠孝敦化駅に直結した東区地下街の蘭陽乾麺と、要所で名が出てくる。

本書の本筋には関係ない話になるが、実は宜蘭では、東門夜市に立ち寄って、屋台の大腸麺線と蚵仔煎を食べている。また、七堵駅で臺鐵便當の列車積み込みシーンを見て、それがどの駅で降ろされるのか気になって追跡したところ、宜蘭県の羅東駅だった。ホーム上で台車に積み替えて、改札外にある普悠馬号をかたどった店舗に運び入れていた。本書では

何事もなかったかのように宜蘭県を通過してしまったけれど、個人的にはなかなか思い入れのある土地なのだ。

そんな思い出に耽っている間に、蘭陽乾麵が出来あがった。さほど太くない、薄黄色の平打ち麵。その上に、これまでに何度も見てきた、脂身たっぷりの豚肉そぼろ。それ以外の具材は、まったく見当たらない。

これほどシンプルな料理も珍しい。そう思って麵と肉そぼろを混ぜていると、麵の下からキャベツが大量に発掘された。キャベツと一緒に、クコの実を含む香辛料たっぷりのタレも顔をのぞかせる。混ぜるほどに香辛料の香りが立ちのぼり、つんと鼻を突く。アッと驚く大どんでん返しだった。

平打ちで縮れた麵には、肉そぼろや香辛料がしっかり絡み、一体化する。豚肉の充分すぎる旨みと香辛料の充分すぎる香りが鍔迫り合いを演じ、ほどよいところで拮抗する。悪く言えばケンカをしているのだけれど、片方が勝ちすぎることはなく、「ケンカするほど仲がよい」と感じる味わいだった。

桃園MRTで、忘れな麵 ～林口駅～

早朝の帰国便を予約している関係で、台湾最後の夜は桃園国際空港の出発ロビーで過ごすことに決めている。台北市内に宿をとったのでは、深夜の2時頃にチェックアウトして、タクシーで空港に向かわなければならないからだ。空港で一夜を明かせば、宿代とタクシー代が浮くし、未明から気忙しい思いをしなくて済む。

帰国前日の陽が暮れ、辺りはだいぶ暗くなった。まだ台北市内のMRT駅を網羅しきれていないのだけれど、このあたりが潮時だ。またいずれ機会があれば続きをやると心に刻んで、台北駅で桃園MRT機場線に乗り換えた。

しかし私は、諦めの悪さには定評がある。空港へ向かう段になっても、まだ「もう1件ネタを拾えないかな」と考えていた。そして、台湾にやって来た初日に、少々特異な行動をとっていたことを思い出した。機場第一航廈駅から台北駅へ直行せず、林口駅と新北産業園区駅で途中下車。桃園MRTでは、2018年10月から「1乗車につき10元引き」の制度が導入されている。うまく途中下車を繰り返せば、機場第一航廈駅から台北駅までの運賃をだいぶ安くあげられる。それを、机上の理論だけでなく実践していたのだ。

そして、林口駅で下車した際に、改札階がグローバルモールに直結しているのを見ていた。このときにはまだ営業開始前で、シャッターが下りていた。だから、その奥にどのような飲食店があるのか、そもそも飲食店があるのかどうかも確認できなかった。しかし、その後台湾全土を巡るなか、駅直結のグローバルモールではほぼ100％の確率で麺類を扱う飲食店に出合えた。どうせ空港に行っても暇を持て余すだけなのだし、林口で途中下車することによって帰りの桃園MRT運賃も安くなる。林口駅探索を逃す手はない。

林口は、観光客の乗降も結構多い駅。徒歩5分ほどのところに、「三井アウトレットパーク台湾林口」があるためだ。台湾旅行の帰り際に立ち寄る人も多いけれど、そもそもここを目的に台湾へ出かける人もいるほどの人気ぶり。ショッピングを目的に旅行することがない私にとっては無縁の世界だが、日本国内のアウトレットモールはたいてい駅から離れたところにあるから、利便性が好評を呼んでいるのだろう。

改札階とフラットでアクセスしやすい。営業時間外は、間口部分にシャッターが降りている

早朝には閉ざされていたシャッターが、19時頃の訪問となった今回は開いていた。中に入らずとも、飲食店が連なる様子が見える。いちばん手前の左側に、「八角麺店」。メニュー表を見るまでもなく、麺類を中心に扱う店だ。「倆倆號」という喫茶&サンドイッチ店とのコラボ店舗になっている。店内の専用席でゆったり楽しむこともできるが、店頭の通路にもテーブル席が出ており、ファスト感覚で食べることもできる。私は、店頭席に荷を下ろした。

麺類メニューは、3種類。紅焼牛肉麵、腱子牛肉麵、原汁牛肉湯麵。このうち原汁牛肉湯麵には、牛肉が入っていない。いわば、牛スープのかけラーメンだ。もしかしたら台湾で最後の食事になるかもしれないこの局面で、かけラーメンでは

やや ファストチックな味覚ではあるが、癖の強い料理が苦手な人におすすめ

寂しすぎる。腱子牛肉麺は、おそらく牛肉と牛腱が両方入っているのだろうと想像。しかし、メニュー表に併記されている英語表記を見ると、「Crispy Rost Pork Noodle」となっていて、全然イメージが違う。「Rost」は「Roast」の間違いだろうし、そもそも牛肉麺で「Pork」とは何ごとか。値段も高い（200元）ことだし、冒険はやめよう。台湾駅麺の総括には、やっぱり基本に帰って紅焼牛肉麺がふさわしい。価格は180元（666円）と高め。アウトレットモール客を意識した価格帯なのだろうか。

店名に「八角」が付いていることから、もしかしたら牛肉麺にまで五香粉をたっぷり使っているのではあるまいなと思ったのだが、提供された紅焼牛肉麺はとてもシンプルでベーシックなものだった。ツルツルした舌触りの麺は見事なまでに太さも厚さも均一で、縮れもない。手打ち感はなく、機械製麺を連想させる食感だ。ただ、機械製麺が悪いという話ではない。個性が強くない、言い換えれば癖がないので、敵を作らない万人受けする味わいだと思う。

スープも、醤油の香りと酸味を半々に感じる、極端に針が振れていないもの。没個性ではあるが、バランス感がよく、好き嫌いが分かれにくい味。トッピングは、シンプルに牛肉のみ。比較的小さめのカットなので、女性でも食べやすそうだ。とてもやわらかいけれど、少し筋繊維が歯に触ってパサつく。見た目には脂やコラーゲン質がたっぷりあって、口の中でとろけそうな印象を受けるのだが。

決して強く印象に残る一杯ではなかった。「それだけに」と繋げてよいだろうか、食べている間じゅう、台湾を巡った日々が頭のなかを早送りで駆けてゆき、「旅はもう終わってしまうんだ」という実感がこみ上げてきた。旅先では、時間の経過がとても速く感じられる。その一方で、2週間前に桃園国際空港に降り立ったときの記憶が半年前のことのように感じる。現在進行中の時間は速く感じるの

に、過ぎ去った時間は長く感じるのだ。

人は、歳を重ねるほどに時間の経過が速く感じるようになっていくもの。それは、歳をとると「ドキドキ、ワクワク」の刺激が減っていくからだと、何かの本で読んだことがある。旅先では、見るもの食べるものすべてが新鮮でワクワクするから、時間を長く感じる。だから、2週間が半年に感じられるわけだ。

でも、旅はあっという間に終わってしまう。とてつもなく長いのに、あっという間なのだ。矛盾をはらんでいることは重々承知しているが、これが今の素直な感想だ。この矛盾を解消する方法は、永遠に旅を続ける以外ないのかもしれない。

ウドンの大団円　～機場第二航廈駅～

桃園国際空港は、航空会社や行き先によって、ターミナルが2つに分かれている。日本の各都市と桃園を結ぶLCC便の多くは、第1ターミナル発着だ。明日の帰国便も、第1ターミナルから出る。それなのに私は、第1ターミナルと直結している機場第一航廈駅を通過し、第2ターミナルと直結する機場第二航廈駅に降り立った。

その目的は、第2ターミナルの5階にある無料シャワールームを利用すること。最終日も朝から精力的に動き回り汗をかいているので、宿をとらない今晩もどうにかしてシャワーを浴びたかった。第2ターミナルにシャワールームがあることは、事前に知人から聞いて、知っていた。

改札を出て、空港と直結する通路を歩いていく。確か、第1ターミナルではこの途中にフードコートがあったな……と思っていたら、こちらにも駅と空港の接続域にフードコートが設けられていた。しかも、第1ターミナルのフードコートよりも間口が広く、店舗も客席も明らかに多い。林口駅の紅焼牛肉麵が最後の食事と割り切っていたけれど、煌々と明るいフードコートを見て気が変わった。延長戦、スタートだ！

フードコートに入居する飲食店は、全部で21もあった。腹具合を考慮すると、食べられるのはせいぜい2軒まで。まずは台湾料理店を見て回るのだが、ここで台湾料理に手を出すと、林口駅でいったんまとまったストーリーが崩れてしまうことに気づく。かといって、韓国料理やベトナム料理といった、これまでのストーリーにまったく絡まないものも、このシチュエーションではあまりふさわしくない。2週間を費やして築いてきた流れを壊すことなく、自然なエンディングに繋げられるものがいい。

21軒すべてを見て回った末、1軒目は日本式のうどんを提供する「平田食堂」、大トリとなる2軒目はスイーツ感覚の麺類を扱う「小南門 傳統豆花」に決めた。ちょっとおかしな和食と、デザート。これで旅を完結させよう。

つるつる滑る丸麺は、鉄箸だとやや食べづらい。竹箸が欲しかった

平田食堂は、台北駅の地下街（M区）でも見かけた店だ。うどんと弁当の店で、テイクアウトが中心の店舗だった。食べるかどうかで少し迷ったものの、M区地下街はとにかく混雑が激しく、落ち着いて品定めすることもできなかったので、諦めていた。台湾料理ではないから優先順位を下げた結果でもある。しかし、のちに新左営駅や屏東駅で「ちょっとおかしな和食」の面白さを見いだしたことで、むくむくと興味が湧いてきたわけだ。

7種類あるうどんメニューのなかから、可樂餅烏龍麵（コロッケうどん）をオーダー。コロッケは、台湾語で「可樂餅《カーラービン》」と表記する。読みに漢字を当てたのだろう。「餅」の字は、米から作られたものに限らず、一度すりつぶしてから成形した食材全般に用いる。価格は135元（500円）。いかにも空港価格。高いのだけれど、もうあとは帰るだけなので、持っている台湾元はすべて使い切っても構わない。海外旅行の帰り間際には、ついつい財布の紐が緩むものだ。

うどんとコロッケは、別皿で提供された。日本でも揚げもののトッピングを別皿で提供する店は珍しくない。この場合、うどんには薬味のネギと、せいぜい彩りのワカメやカマボコ程度しかトッピングされないのが常。要するに、かけうどんだ。

しかし、平田食堂のうどんは、とてもカラフルなものだった。ほとんど色のついていない透明なつゆに、米苔目を連想させる断面の丸い麺。その上にのっていたトッピングは、ワカメ、ブロッコリー、コーン、ミニトマト、パプリカ、そして薬味の青ネギ。ワカメと青ネギはいいとして、あとの野菜類は、日本ではまずのせない食材だ。

食べてみて、野菜をたっぷりのせている理由がなんとなく分かった。麺にもつゆにも、あまり味がないのだ。なにしろ、醤油と出汁の香りがない。淡白すぎて、物足りない。だから、トッピングで補う必要がある。ワカメをたっぷりのせることで磯の香りが丼全体に広がり、出汁の弱さをカバー。そして、甘みや旨みの強い野菜をのせることで、味の薄さをカバーしているように感じた。調味料での味付けを最小限に抑え、食材が本来持っている旨みで料理を仕上げる。これまでに各地で食べてきた台湾駅麺の傾向に、ジャパニーズうどんも当てはまっていたのだ。

そして意外なことに、コロッケは日本で食べるものと大差がなかった。タネはわりとしっとりした仕上がりで、カレー味が付いていた。うどんにカレーコロッケを合わせるセンスは、特異なもの。モデルにしたのは大阪の「潮屋」か、それとも東京の「箱根そば」か。つゆがどちらかといえば関西風寄りだから、「潮屋」かな。想像をかきたてられて楽しかった。

食後のデザートを求めて、「小南門 傳統豆花」へ。ここは、板橋駅で肉燥米粉のセットを食べた「小南門 傳統美食」の系列店。「美食」を掲げる店舗は食事メニューを中心に、「豆花」を掲げる店舗は豆類を使ったスイーツを中心に提供している。

あくまでも豆が主役の店で、麺類店ではない。しかし、メニューのなかに、米粉で作られたうどんのような麺「米苔目」を使ったものがある。いちばん安いのは、米苔目と緑豆のデザートで、50元（185円）。これに5元足すと、粉圓《フェンユエン》（タピオカ）や粉粿《フェングオ》を追加できる。メニュー表では、「粉粿」に日本語で「片栗粉のわらび」と併記されている。わらび餅のようなものだろう。

使い捨ての小さなレンゲで食べる。米苔目は短く切れているので、食べやすい

2019年には、日本でタピオカドリンクが爆発的に流行した。私はその波に乗り遅れ、日本国内ではいまだタピオカを口にしていない。台湾に来て、奮起湖登山食堂でタピオカ入りの紅茶に出合ったけれど、カエルの卵が連想されてあまり美味しいとは思えなかった。最後にもう一度、チャレンジしようか。米苔目、緑豆、粉圓が入ったスイーツを注文だ。

盛りつけるだけなので、提供は迅速。3つの食材をガバッと丼に入れ、甘いシロップを注ぎ、仕上げにクラッシュアイスをのせる。ほんの10秒ほどで完成した。丼になみなみと盛られたボリューム感に、一瞬不安がよぎる。

「これもカエルの卵だったら、全部食べきるのは至難の業だな」

その不安は半ば杞憂だったが、もう半分は別の意味で的中してしまった。甘いシロップが、お腹にズシッともたれかかるのだ。短く切れた米苔目にはあまり味がないから、シロップの甘さがさらに際立つ。弾力が強く噛み切りにくい食感さえも、甘さを助長させるように思えてくる。太さにばらつきのある麺には、手作り感がある。塩味スープに合わせたらもっと美味しく食べられたのではないか。そんな想像に駆られた。

タピオカは、グニグニした歯触りでやや芯が残る食感だから、やはりカエルの卵を連想させることに変わりはない。しかし、スイーツとして食べるぶんには、さほど抵抗を感じなかった。これは、飲み物ではなく食べ物。私の脳は、そう認識したようである。そして、緑豆の青臭さが何よりもありがたかった。甘さ一辺倒のなかで貴重なアクセントになり、満腹中枢の働きを和らげてくれた。緑豆があるおかげで、蜜豆のような感覚で食べられたのだ。

周囲の客を見渡すと、1杯を数人でシェアしている人が多い。複数人で別々のメニューを注文し、交換しながら食べている人も見かける。なるほど、これが台湾スタイルなのか。ひとりで1杯全部食べきる仕様ではないのかもしれない。湯飲み茶わんくらいのボリューム感なら、私の欲求を過不足なく満たしてくれただろう。

お腹も心もいっぱいだ。もう、何も入らない。5階の無料シャワールームで汗を流し（残念ながらお湯は出なかった。冷水のみ）、第1・第2ターミナルの間を往復運行する航廈電車（スカイトレイン）で第1ターミナルへ。これが、台湾で乗車する最後の鉄道だ。

無人運転のスカイトレインは2両編成で、車両間の相互往来ができない造りになっている。私が乗った車両はそれなりに混雑していたが、もう片方の車両はガラガラ。それなのに、空いている車両に移れない。なぜこんなにも意地悪なのかと思ったのだが、第1ターミナルに到着してその理由が分かった。2両編成のうち1両は保安検査場の外、もう1両は保安検査場の中だからだ。各ターミナルの乗降車場はホームが相対式になっており、開く扉は1両目と2両目が逆になる。1編成で、保安検査場の中と外の両方をカバーしていたのだ。これは効率のよい方法だ。

日本にも、関西国際空港には第1ターミナルと南北ウイングを結ぶウイングシャトルがある。しかし、羽田や成田には、シャトルトレインが走っていない。成田ではかつて第2ターミナルの本館とサテライトビルを結ぶ成田空港第2ターミナルシャトルシステムを運行していたが、2013年9月に廃止されている。2015年に開業した第3ターミナルは鉄道でのアクセスがたいへん不便なので、ぜひ第2・第3ターミナルを結ぶシャトルトレインを導入してほしい。

桃園国際空港は深夜帯に発着する便も多く設定され、24時間人通りが途切れることはない。保安検査場入口脇のソファに腰を下ろし、スマートフォンを充電しつつ、うつらうつら。手持ち無沙汰な時間は、とても長く感じられた。私と同じように朝を待つ人々で、ソファはほぼ満席。毛布や寝袋にくるまって横になる猛者もいる。

長いようで短かった、台湾一周の旅。あまり海外へ行き慣れていない私にとっては、毎日が刺激の連続だった。言葉の

ターミナル間の移動に便利なスカイトレインは、無料で乗車できる

壁にぶつかって理解を深められなかったことや、思いどおりに動けなかったこともしばしば。でもそれも、今となってはいい思い出だ。信号無視の原付バイクにイライラしたことだって、日本に帰れば酒宴の席を盛り上げる話のタネになる。

台湾の鉄道グルメは、日本のそれと似ているようで、大きく異なる部分も多かった。最も乖離を感じたのは、台湾では日本よりも街なかの屋台文化が広く深く浸透しているということだった。地方の小さな街にも、屋台や間口開放型の簡易的飲食店、手軽な弁当店などがある。そのため、駅なかの飲食店や弁当店の簡便性が、日本ほどには際立っていない印象を受けた。出店料が反映されるためか、価格相場も街なかより少々高い。屋台や繁華街の大衆食堂が必ずしも安いとはいえない日本とは、少々事情が異なっていた。

駅弁・駅麺の最大の利点は、安心感だった。台湾語を話せない外国人観光客にも親身に接し、受け入れようとする包容力。注文の仕方を間違えても、どうにか汲み取って対応してくれる寛容性。これらが、外国人旅行者にとっては最大の利点になるのではないかと思う。

そして、駅弁・駅麺は、どれも美味しかった。辛口のコメントを残した場面もあったけれど、なんだかんだ言いながらも全部食べた。食べきれずに残したものは、ひとつもなかった。スープ麺は、スープを一滴たりとも残さずに飲んだ。弁当は米粒ひとつ残さずに食べ、排骨は骨までしゃぶった。舌だけでなく、体が受け付けたのだ。五香粉も、噂されていたほどには抵抗を感じなかった。日本に帰ってからも、時々台湾料理が恋しくなりそうだ。

そして台湾の人々は、総じて友好的で、親切で、人情に厚かった。台湾語をろくに操れない私を、温かく迎えてくれた。言葉は通じなくても、表情と口調から、歓迎されていることは伝わった。人と人とが接する機会が減少する世の中で、人肌の温もりが密に感じられたのだった。

ありがとう、台湾。そして、さようなら。いや、別れの挨拶は、必ずやまたこの地に戻ってくる意思を込めて、台湾流にしよう。

再見《ツァイチエン》！

台湾みちくさ写真館

駅舎の壁を、巨大なゾウが突き破る！ もちろん、これはトリックアート。台鉄は、つくづく旅行者を驚かすのがお好きなようだ。各駅探訪の楽しみを倍増させてくれた（台南市・中洲駅にて撮影）

観光夜市の楽しみは、食べるだけではない。アトラクションも充実！ これは、リング付きの紐を操り、ビール瓶を立てるゲーム。規定回数以内に成功すると、景品をもらえる（高雄市・六合観光夜市にて撮影）

終章

国内で食べる台湾駅弁＆駅麺

ボリューム感と値頃感を兼備した店。日々のランチにも好適だ

上品でおしゃれな鉄道弁当　～大宮駅～

台湾一周の興奮冷めやらぬ2019年11月、私は大宮を訪れた。東口の繁華街を抜け、だんだん周囲に高いビルがなくなってきたなと思ったところに突如として現れる、ケヤキ並木の氷川神社参道。その参道沿いに、目当ての「台湾茶房 e-one」がある。2016年9月にオープンした、おしゃれでムーディーな店。曜日ごとに日替わりメニューの設定があり、金曜には「排骨鉄道弁当」を提供する（935円）。そう聞くと、台湾一周の旅を終えてからまだ1カ月だというのに、早くも臺鐵便當が懐かしくてたまらなくなった。

店を営むのは、もともとはブライダル事業を展開していた中平恭博さん。埼玉台湾総会の理事を務める台湾出身の奥さんとともに、「本場の味を伝えたい」という想いを実現するために台湾家庭料理店をオープンさせた。

駅前の繁華街ではなく、少し離れた氷川神社参道に出店することにもこだわりがあった。氷川神社本殿の主要部分や、参道に立つ鳥居（二の鳥居）は、台湾（阿里山）産のヒノキで造られているのだという。中平さんは、「大宮と台湾の架け橋として、この立地が最適だったんです」と話す。

木製のトレーにのせて提供されたのは、ステンレス製弁当箱に盛りつけた弁当だった。私が奮起湖で食べ逃した、円形で二段重ねになったものだ。だが、蓋に描かれた、SLが爆煙を吐きながら走る絵柄に見覚えがない。台北駅や台東駅などの「臺鐵夢工

カフェ風の外観で女性人気が高い。毎週金曜には、鉄道ファンの男性も多く来店

場」でも、奮起湖駅近くの「奮起湖大飯店」でも、この絵柄の弁当箱は売られていなかった。中平さんが、「この弁当箱は、毎年夏に台東エリアで運行する臨時観光列車「仲夏寶島號」の限定モデルなんです」と教えてくれた。このほかに、臺鐵夢工場で販売している弁当箱もあるそうで、希望があれば可能な限り好みの弁当箱で提供してくれるという。また、弁当箱の持ち込みにも対応しているので、台湾でお土産に買ったステンレス製弁当箱を持って来れば、テイクアウトができるのだ（通常のテイクアウトは使い捨て容器）。

弁当箱の上段には、排骨を中心とした惣菜。下段にご飯とキャベツ炒めが入っていた。排骨の衣はカラッと軽く、肉質はジューシーでとてもやわらかい。女性でも食べやすいように、骨付き肉ではなくロース肉を使用し、ひと口大にカットしている。衣には、地瓜粉（サツマイモ粉）を使用する。風味付けの五香粉は、「日本で買うものよりも香りがよい」という理由で、台湾から取り寄せているという。日本人の舌にも合うよう工夫して調合された五香粉を適量使うことで上品に仕上げ、支持を集めているのだ。排骨以外の惣菜は、煮玉子、高菜炒め、チンゲン菜、タクアン漬け。タクアン漬けが入ることで、台湾のなかでも東海岸の弁当を連想させる味わいであるように感じた。

日替わりメニューにはサラダとスープが付き、食後に高山茶がサービスされる。阿里山産だという高山茶はこれまたとても上品で、雑味は皆無。お茶の風味はとても濃厚に感じるのに、イガイガ感がまったくなく、スッと抵抗なく喉を落ちていくのだ。ドレスコードのある高級レストランで食事をしたかのような、リッチな気分にさせてくれた。

レギュラーメニューの台湾麺線や貢丸湯、自家製大根餅も、私が実際に台湾で出合った料理。とても魅力的に映る。氷川神社を参拝がてら、また食べに来よう。そのときには、奮起湖大飯店で買った弁当箱を持参しようかな。

物腰のやわらかい中平さん夫妻。穏やかな人柄が料理にも表現されているように感じた

角地で分かりやすい立地。魯肉飯や蚵仔麵線も試してみたい

骨付き肉にかぶりつく醍醐味　～錦糸町駅～

ＪＲ錦糸町駅の南口から1分と歩かない好立地に、その店はある。何度か訪れたことがある立ち食いそば兼立ち飲み屋「丸源」がある路地の、入口角。何度も前を通っているのに、今までそこで台湾鉄道弁当を食べられるとは知らずに生きてきた。まったく、「無知は最大の罪」とはよく言ったものだ。

台湾・嘉義市出身の劉俊茂さんは、１９７２年に裸一貫で来日。都内の中華料理店に勤め、日本国籍を取得した後に独立。その後紆余曲折を経て、２００３年に錦糸町駅南口に台湾料理店「劉の店」をオープンさせた。今でこそ日本と台湾を気軽に行き来できる時代になったけれど、昭和中期にはそう簡単なことではなかった。劉さんは当時のことを「周りからは羨ましがられたけれど、心のなかは不安でいっぱいでした。でも、日本国籍を取得できたし、店も持てた。苦労したけど、やりたいことは全部できました」と、感慨深げに話す。

台湾鉄道弁当（１２１０円）は、オープンと同時にメニューに取り入れた。当時、各地の駅弁大会で臺鐵便當が飛ぶように売れているのを見て、メニューに入れようと決めたのだという。もちろん、容器は円形ステンレスの2段重ねのものだ。蓋には、ＥＭＵ１００型の車両が描かれていた。

うん？　ＥＭＵ１００型？　私が台北駅の「臺鐵夢工場」で見たのは、確かＥＭＵ７００型だった。ほかの車両バージョンもあるのか？　そう思い、帰宅後に写真を見返したところ、大宮の「台湾茶房　ｅ－ｏｎｅ」で見た弁当箱は、仲夏寶島號とＥＭＵ４００型だった。さらに、インターネットで調べてみると、ＴＥＭＵ型やＤＲＣ１０００型、さらには各種記念モデルなど実に多種多様であることが分かった。自分で食べた駅弁の容器をほとんど捨てずに保管している私は、コレ

写真には写っていないが、スープが付く。価格以上の満足感を得られる

クター心理を激しく揺さぶられた。全部集めるのは至難の業だが。

弁当の中心は、艶めかしいほどに照りのある排骨。骨付き肉を使うことにこだわり、かぶりつく醍醐味を実感できる。大きな中華包丁で一刀両断したのであろうシャープな骨の断面を見るだけでも、台湾で過ごした日々が鮮明に思い出される。

質感のある衣はつけず、舌触りは臺鐵便當のようにややしっとりしている。ほんのり香る五香粉に、噛みしめるほどにジュワッと染み出る肉汁と脂の旨み。肉は、醤油、台湾の酒、ニンニクなどをブレンドしたタレに一晩漬け込んでいる。だから、味が中心までしっかり染み込み、表層的ではない厚みのある旨みを演出できるのだ。臺鐵便當を再現して余りある、料理としてたいへん完成度の高い仕上がりだった。

副菜は、煮玉子、高菜炒め、タクアン漬け、絹さや。そして下段のご飯にキャベツ炒めがトッピングされている。劉さんは、「内容はあまり変えず、定番の食材を使うようにしています。それが、もっとも台湾の鉄道弁当らしさを表現できる方法ですから」と胸を張る。

上品でおしゃれな「台湾茶房 e-one」と、豪快で旨みがほとばしる「劉の店」。両店のコンセプトの違いが面白い。どちらがよいかという話ではなく、両店とも店主の想いがストレートに表現されていることが分かるのだ。「台湾茶房 e-one」では竹箸、「劉の店」では鉄箸を提供。箸の違いを見ても、なるほどと頷ける。ぜひ、両店で食べくらべたい。

とても温厚な劉さん。趣味はカメラで、店内には自ら撮影した写真を飾っている

辛さ控えめの台湾ラーメン ～熊谷駅～

日本で「台湾ラーメン」というと、決まって激辛のイメージがつきまとう。それは、1970年代に名古屋の中華料理店「味仙」が激辛の台湾ラーメンを発売し、その後の激辛ブームに乗って知名度を高めたためだ。これは、台南の担仔麺を激辛にアレンジしたまかない料理が原型で、台湾には存在しない。台湾にも辛い麺類メニューはあるが、その多くは花椒を含む麻辣の辛さ。唐辛子が強烈に突き抜ける辛い麺料理には、少なくとも私は、台湾で出合わなかった。あるいは、辛すぎる料理が得意ではない私は、無意識のうちに避けていただけかもしれないが。

そんななか、辛すぎない台湾ラーメンがJR高崎線熊谷駅構内で食べられると聞き、行ってみた。店の名は、「台湾ラーメン 美食軒」。廉価系ラーメンのチェーン店が複数ある駅構内で、まるで張り合うかのように安い価格帯でラーメンを提供している。台湾ラーメンは、なんと418円。駅そば店のかき揚げそばくらいの価格で、台湾ラーメンが食べられるのだ。

オーナーは、中国・山東省出身。台湾出身シェフの指導を仰ぎ、また自らも東京都内の台湾料理店で修業を重ね、2016年にこの店をオープンさせた。ラーメンだけでなく、ご飯ものや一品料理、さらには酒類まで豊富に扱い、夜は終電近くまで営業する。いろいろなシーンで立ち寄れる、便利な店だ。店舗を運営するスタッフも、大半が中国人。店内には頻繁に中国語が飛び交い、厨房では熟練のシェフがリズミカルに中華鍋を振る。膨張性の熱気に包まれた店内に身を置くと、まるで台北駅の地下街で紅焼牛肉麺を食べているかのような気分になる。

ワンコインで食べられる台湾ラーメンは、モチモチした食感で甘みのある麺に鶏と豚のスープを合わせた醤油味のラー

本格中華のほか、味噌ラーメンや豚骨ラーメンなど日本流のラーメンも提供する

てっぺんに配された唐辛子は、そのまま口に入れても大丈夫

メン。トッピングは、豚そぼろ肉、モヤシ、ニラ、炒め唐辛子。モヤシとニラの組み合わせは、台湾では定番中の定番だ。

唐辛子をたっぷり使っているにもかかわらず、辛みはさほど強くない。時折舌を撫でるようにやさしく刺激するが、そのなかにもまろやかさが内包されている。肉や野菜の旨みを後押しする辛さなのだ。

その秘密は、辛みの強い唐辛子と、辛みよりも香りが強い唐辛子を併用していることにある。辛さだけでなく香りが全体を包み込むことで、マイルドに仕上がるのだ。また、群馬県産にこだわっている豚肉がスープに絶妙な深みを演出し、辛みを中和してさらにまろやかさを高める。

スープの味わいも、絶妙だ。台湾の麺料理はおおむね薄味で、ともすれば日本人は物足りなさを覚えるかもしれない。そこを調味料で補うのではなく、コクや深みでカバーするのが台湾流。「台湾ラーメン 美食軒」の台湾ラーメンも、ベースは薄味で、豚肉や野菜などの旨みと香りで深みを演出し、物足りなさを感じさせない味わいに仕上げていた。

これがワンコインで食べられるとなれば、頭が下がるばかりだ。台湾で日々感じた、物価の安さと、安いものでも美味しいということ。そしてそのありがたみ。まさか日本で同じ感覚を享受できるとは、思いもしなかった。また機会を作って、〝熊谷駅構内の小さな台湾〟へ出かけよう。

スタッフはみな明朗快活なので、気軽に声をかけてみよう

うどん・そばメニューにも、細部まで工夫が施されている

日台合作の台湾まぜそば　～大阪阿部野橋駅～

最後に、大阪から1軒。台湾取材を終えてデータをまとめ、本書の執筆にかかり始めた頃に、私はふと思い出した。２０１８年に駅そば本を出版するにあたって取材したなかに、「台湾まぜそば」を提供する駅そば店があったことを。その店があるのは、世界一高い駅ビル「あべのハルカス」を擁する、近鉄南大阪線の大阪阿部野橋駅。東口改札を出て、JR天王寺駅方面に続く階段の途中にある「王冠」だ。間口を広くとった店舗だが、奥行きがなく、厨房と対峙するカウンター一本だけの店。端の方に3つだけ椅子があるけれど、メインは立ち食い。〝駅麺〟というフレーズがぴったりと当てはまる、郷愁を帯びた店だ。

うどん・そばをメインに提供する店で、なぜ台湾まぜそばを提供するのか。そこには、私の心を大きく揺さぶるドラマがあった。店主の真田末博さんは、「うちには、台湾からワーキングホリデーで来日しているスタッフがたくさんいるんです。彼女たちと日々接するうちに、私も台湾が大好きになってしまって。言葉の壁を乗り越えながら、一緒に台湾らしいメニューを開発できないかと考えました」と話す。真田さんの言葉を裏付けるかのように、厨房内には業務上よく使うのであろう台湾語・日本語の対訳表が掲示されていた。

安価での迅速提供が大前提となる立ち食い店で、しかも厨房スペースや機器が限られている。台湾から食材一式を取り寄せて、台湾の飲食店と同じように調理することはできない。限られた条件のなかで何ができるかを考え、豚骨ラーメンのスープをベースにしたオリジナルの台湾まぜそばに至った。麺は、製麺業を営む親戚に作ってもらっているという。

台湾まぜそば（５６０円）は、私の想像よりもだいぶ豪華な一杯だった。てっきり、新烏日駅「五花馬水餃館」の招牌乾麺のような、麺の上に肉そぼろをトッピングしただけのものが出てくるのかと思っていた。しかし、目の前に躍り出た

ボリュームたっぷりで、一杯で満腹になること間違いなし！

のは、ニラ、チャーシュー、キムチ、刻み海苔、紅生姜、温泉玉子などがどっさりトッピングされ、麺がほとんど見えないものだったのだ。

豚骨スープがベースになっているので、混ぜずに食べるとほぼ豚骨ラーメンだ。しかし、すべての具材をよく混ぜると、ほのかな辛みとニラの香りが全体に広がり、台湾の飲食店に特有の膨張性の熱気を感じる味わいに変化する。この組み合わせに至るまでに、相当な試行錯誤があったのではないだろうか。大阪の立ち食いうどん店は全般的に、「身近にあるものを組み合わせることで、より美味しく仕上げる」という特技を持っていると思う。「王冠」でも、その特技を活かしたメニュー開発がなされていたのだ。

真田さんは、「味の決め手は、これですよ」と言って、小さな鍋を私の眼前に差し出した。鍋のなかには、醤油ベースのタレに漬け込んだ唐辛子とニラ。これを適量加えることで、多種多様な具材がバラバラに主張することなく、統率のとれた味わいに仕上がるのだという。いわば、オーケストラの指揮者だ。

味もさることながら、片言の日本語しか話せないスタッフと一緒に研究するというストーリーにも胸を打たれる。真田さんは台湾を好きになり、台湾人スタッフは日本を好きになる。両方が揃わないと、このメニューは完成し得なかったに

真田さん（左）と台湾人スタッフは、一緒に台湾旅行にも行く仲だという

違いない。

私は、本書執筆のために台湾を訪問して、もともと好きだった台湾がさらに大好きになった。そして、台湾の人々は、日本人である私を暖かく迎え入れてくれた。日本と台湾の間には、お互いに相手を尊重し敬愛する、確かな下地があるのだと思う。

高雄のドミトリーでランドリーの使い方を手取り足取り教えてくれたお姉さんは、元気にしているかな。潮州から枋寮へ向かう列車で車窓風景のため池について説明してくれたお婆ちゃんは、達者で暮らしているだろうか。

あぁ、また台湾に行きたい。今すぐにでも行きたい。

……行っちゃおうか！

台湾みちくさ写真館

駅から徒歩5分で、海岸へ。白砂ビーチのすぐ脇に立派な寺院「福隆東興宮」があり、特異な景観を生み出している。駅弁を食べた後に、腹ごなしがてらそぞろ歩くのにちょうどいい（新北市・福隆駅付近にて撮影）

観光夜市は多数あれど、これほどまでに熱気が渦巻く夜市は珍しい。路地が狭く、人が多い。東京・上野の「アメヤ横丁」のような雰囲気で、庶民のパワースポットであるように感じた（宜蘭市・東門夜市にて撮影）

おわりに

ロケハン、本取材、再取材。合計3回、約1カ月に及ぶ台湾旅行を通じて痛感したのは、「台湾は道に迷いにくく、地図を持たなくても簡単に歩ける」ということだった。まず、台北や高雄などの大都市では、たいてい幹線道路が碁盤の目状に走っている。方向感覚が狂いにくく、自分の現在地を把握しやすい。また、日本と同じ漢字文化圏なので、標識や看板などは正確に読めなくてもなんとなく意味を類推できる。道路が複雑に入り組んでいるフィリピン（マニラ）や、文字を読むのに苦労する韓国よりも、はるかに街歩きが容易だった。韓国では、金海国際空港を出て最初に目にした方向案内表示がハングルのみで、たいへん戸惑ったものだ。

そして、たとえ迷ったとしても、通行人が親切に教えてくれる。私が男性だからということもあるかもしれないが、特に女性がとても親切だった。行きたい場所を告げて、指で方向を尋ねただけなのに、「ここから歩いて3分」とか、片言の日本語で「気をつけて」とか、求めた以上の返答がある場合が多かった。男性警察官より親切なくらいだ。男性警察官に道を聞くと、無言のまま交通誘導に用いる棒で方角を示されることが多かった。

東海岸の多良駅跡を訪れた際には、近隣から来ていた女性観光客グループに「写真を撮ってほしい」と頼まれ、シャッターを押した。返す刀で「私も撮ってください」とカメラを差し出すと、シャッターを押すひとり以外の全員がフレー

多良駅跡にて。取材旅行であることを忘れそうなほど楽しいひとときだった

ム内に入り、ポーズをとってくれた。親切なだけでなく、外国人観光客に対してとても友好的で、垣根が低い。20代の頃には日本各地の観光地でもこういうことがよくあったけれど、40半ばのオジサンにまでこれほど親しく接してくれるとは、驚きだ。

日本人と台湾人は、姿形が似ている。だから、喋らなければ外国人であることに気づかれにくい。どこへ行ってもタクシーの勧誘につかまるフィリピンや、道を歩けば「バクシーシ」と金品をねだられるエジプトのような煩わしさもない。

逆に、外国人だとは思われず、台湾語で声をかけられることはよくある。高鉄新竹駅前の喫煙所でタバコを吸っていたら、居合わせた若い男性が、手に持っていたタバコの箱を私に見せ、早口で何か言ってきた。とっさに「もしかしたらタバコを私に売りつけるつもりなのではないか」と身構えたが、そうではなかった。私が台湾語は話せないと告げると、彼は私と同レベルの英語に切り替え、話し続けた。どうやら、今しがた駅の売店でタバコを買ったのだが、どうも古いものを掴まされたようで、いつもと味が違うのだと愚痴を言っていたようだ。タバコの箱を私に差し出したのは、製造年月の印字を見せたかったためらしい。こういった何気ない会話も、後々強く印象に残るもの。姿形が似ているからこそ、このような飾らない会話が生まれやすいと言える。

台湾人の英語認知度はさほど高くなく、日本と同程度だ。しかし、若い世代はある程度英語を操れるので、コミュニケーションをとりやすい。一方の高齢者は、英語は理解できなくても片言の日本語を話せる場合がある。特に観光地では、訛りのない綺麗な日本語を話す台湾人に出会うことも珍しくない。日本語の通用度では、台湾は私がこれまでに行った海外旅行先のなかでダントツのナンバーワンだ。語学力不足は、さほどネックにならない。

あらゆる要素に鑑みて、台湾はもっとも容易に楽しめる海外旅行先のひとつだと言える。折しも、卒業旅行のシーズンを終え、これから台湾行きの航空券が安くなる季節である。真夏になると、台風リスクが高まるうえ、沖縄よりも南にあるだけにたいへんな蒸し暑さになるので、夏本番前の今が狙いどきではないかと思う。この機会に、ぜひ一度台湾へ足を運んでみてはいかがだろうか。

そんな折に降って湧いたのが、新型コロナウイルス「ＣＯＶＩＤ－19」である。２０１９年末に中国・武漢市に端を発した感染症は、ちょうど中国の正月に当たる春節に重なったこともあって、世界的な流行（パンデミック）を引き起こした。どうして、よりにもよって乾坤一擲の想いで取り組んだ海外題材の単行本を出そうというタイミングでこうなってしまうのかと、頭を抱える日々である。

日本では安倍政権発足以来〝観光立国〟に力を入れてきたのだから、未知なる感染症などが観光客と一緒に入国してしまうリスクは、当然念頭に置くことができたはずだ。それなのに、政府の対応は場当たり的で、ＷＨＯ（世界保健機関）の見解発表ですら後手後手に回る体たらく。

相手が未知のウイルスなのだし、民衆がデマに煽動されることで事態が刻一刻と予期せぬ方向へ進むのだから、対応が場当たり的になるのも後手後手に回るのも、致し方ない部分はある。先手を打つためには前例または予測可能なだけのデータが必要なのだし、民衆が秩序を保った行動をすることも前提にしなければならない。どんなに注意深く車を運転していても、相手が信号を無視すれば交通事故は起きるのだ。

政府もＷＨＯも、〝絶対〟ではない。ときには対応を誤ることもあるだろう。しかし、その都度民衆が身勝手な行動に走っていては、その先の対応をさらに難しくしてしまう。大事なのは、いちいち混乱しないこと。怪しげな情報に振り回されないこと。外出自粛などの公的な要請にはいったん従って、反発は後回しにすること。言葉じりを捉えての網の目くぐりも控える。全員がこれらを遵守することが、新型コロナウイルスの恐怖が去る日を早めるいちばんの方法だと思う。すでに延期が決まっている東京オリンピックを開催にこぎつけられるかどうか、そして、本書を手に取っていただいた皆さまが安心して台湾旅行を満喫できるようになるかどうかも、今日からの私たちひとりひとりの行動にかかっていると思う。

末筆になりましたが、本書を最後までお読みいただき、ありがとうございました。つたない文章ではありますが、少しでも皆さんの旅心をくすぐることができれば、筆者冥利に尽きます。

また、本書編集に従事されたイカロス出版編集部の皆さま、快く取材をお受けくださった飲食店関係者の皆さま、巻頭の鉄道路線図を作成してくださった小林千鶴さん、挿入イラストを描いてくださった蔦垣幸代さん、取材旅行先で出会った台湾の皆さま、そのほか本書制作に関わったすべての皆さまに、厚く御礼申し上げます。今後も、国内外を問わず、読んだらすぐにでも旅に出たくなるような著作を志して活動してまいりますので、次作以降にもどうかお付き合いくださいますようお願い申し上げます。

２０２０年５月　鈴木弘毅

台湾“駅弁&駅麺”食べつくし紀行

2020年6月5日発行

著者 ―――― 鈴木弘毅
編集 ―――― 大野達也
表紙デザイン ―――― 大久保毅(イカロス出版)
本文デザイン ―――― 大久保毅(イカロス出版)
発行人 ―――― 塩谷茂代
発行所 ―――― イカロス出版株式会社
〒162-8616
東京都新宿区市谷本村町2-3
[TEL] 03-3267-2831(編集部)
03-3267-2766(販売部)
03-3267-2716(広告部)
[E-Mail] jmilitary@ikaros.co.jp
印刷 ―――― 図書印刷株式会社